KB252721

신탁,
상속의 기준을
바꾸다

신탁, 상속의 기준을 바꾸다

김민수·곽종규 지음

유언대용신탁이 제시하는
상속 설계 패러다임

harmonybook

사람들은 일기를 쓴다. 하루가 끝난 뒤에 앉아서 오늘 있었던 일을 천천히 되짚는다. 좋았던 일은 조금 길게 적기도 하고, 나빴던 일은 짧게 적거나 아예 건너뛰기도 한다. 그때 왜 그런 말을 했는지, 왜 그런 선택을 했는지를 떠올리며 다음에는 그러지 말아야겠다고 혼자서 조용히 반성도 한다. 이렇듯 일기는 이제는 마주하지 못할 하루의 회상으로부터 시작된다.

하지만 연초가 되면 분위기가 바뀐다. 이번에는 다가올 오늘 혹은 다가왔으면 하는 내일을 향해 글을 쓴다. 올해는 이렇게 살아야지, 운동도 하고, 다이어트도 하고, 밀가루도 줄이고, 술도 줄여야지. 이렇듯 몸도 마음도 조금은 더 나은 사람이 되겠다고 꽤 진지하게 적어 내려간다.

　그런데 지나온 과거도 쓰고, 다가오지 않을 미래도 쓰면서 이상하게 한 장면만은 기어코 남겨 본 적은 없다. 내가 없을 때의 이야기다. 그때는 세상이 어떻게 흘러갔으면 좋겠는지, 누가 무엇을 하고 살았으면 하는지, 어디까지가 나의 바람이었는지는 글로 적지 않는다. 그건 생각만 해도 마음이 무거워지고, 조금만 들여다봐도 애써 외면해 왔던 감정이 고개를 들기 때문이다. 아직은 괜찮고, 지금 당장 사라질 이유도 없는데 왜 벌써 그런 이야기를 해야 하느냐는 마음이 앞선다. 게다가 글로 적는다고 해서 정말로 달라질 게 있을까 하는 생각도 따라온다. 그래서 그 이야기는 당신의 어제도, 오늘도, 내일도 아닌 채로 어딘가에 머물다 사라진다. 일기장에도, 다짐 노트에도 끝내 적히지 않은 채로.

차례

프롤로그   004

1부
유언의 한계를 넘어

1장. 유언의 한계와 새로운 대안   012

2장. 유언대용신탁의 개념과 구조   022

3장. 유언대용신탁의 집행   032

4장. 신탁이 바꾸는 상속의 절차   042

2부
유언대용신탁의 설계와 운용

1장. 유언대용신탁은 어떻게 설계되는가   052

2장. 신탁 계약 관계인   064

3장. 재산별 신탁의 구성   072

4장. 신탁계약서의 핵심조항과 설계   086

3부

분쟁을 막는 방"법"

1장. 신탁 속 세금과 유류분   100

2장. 상속 분쟁을 막는 기준   112

3장. 외부 위험을 끊는 상속 설계   124

4부

각자의 이야기, 각자의 신탁

1장. 가장 보통의 유언대용신탁   138

2장. 가업승계신탁   142

3장. 가족을 지키는 돌봄신탁   152

4장. 반려동물신닥   168

5장. 기부신탁과 공익신탁   178

5부
신탁이 남긴 질문

1장. 해외 신탁의 과거와 현재　190

2장. 초고령 국내사회에서 신탁이 갖는 의미　200

3장. 남겨진 내일을 준비하는 일　208

[부록]
미니법전(상속/증여)

(1) 민법 주요조문　218

(2) 신탁법 주요조문　224

(3) 상속세 및 증여세법 주요조문　229

미니법전에서 반드시 짚고 넘어가야 할 세금 기준　234

1부

유언의 한계를 넘어

1장

유언의 한계와
새로운 대안

사람은 누구나 언젠가 죽음을 맞이한다. 다만 그 이야기를 꺼내는 순간만큼은 늘 미룬다.

"아직은 아닐 거야."
"그런 이야기는 괜히 불길하잖아."

이 작은 미룸은 당장 아무 문제도 일으키지 않는 것처럼 보인다. 오늘의 생활은 그대로 이어지고, 가족관계도 달라지지 않는다. 하지만 시간이 흐를수록 남겨질 사람들에 대한 준비 역시 함께 뒤로 밀린다. 그리고 그 공백은 종종 갈등이라는 모습으로 뒤늦게 드러난다.

법원행정처가 발간한 『사법연감』을 보면, 상속을 둘러싼 분쟁은 해마다 꾸준히 증가해 왔다. 상속 문제로 법원을 찾는 일이 더 이상 드문 사건이 아니라, 누구에게나 일어날 수 있는 현실이 되었음을 보여주는 흐름이다. 이 가운데 눈여겨볼 점은, 상속 분쟁이 꼭 유언이 없어서만 발생하지는 않는다는 사실이다. 실무에서는 오히려 유언을 남겼음에도 갈등으로 이어지는 경우를 적지 않게 접한다. 부모는 분명한 뜻을 남기기 위해 유언장을 작성했다. 자녀들에게도 생전에 그 내용을 여러 차례 설명했다. 그럼에도 사망 이후, 유언장의 형식이나 해석을 둘러싼 문제가 제기되면서 유언이 법적으로 인정되는 힘, 즉 효력을 갖는지가 다투어진다. 상속 절차는 결국 법원의 판단으로 넘어간다. 뜻은 분명했지만, 그 뜻이 그대로 작동한다고 장담할 수는 없었다.

유언은 남겼지만, 끝나지 않는 이야기

민법은 유언에 대해 매우 엄격한 태도를 취한다. 유언은 법률이 정한 방식에 따르지 않으면 효력이 없다. 유언은 마음을 남기는 제도이지만, 법은 그 마음보다 형식조건과 절차를 먼저 본다.

현행법상 인정되는 유언 방식은 다섯 가지다. 자필증서유언, 녹음유언, 공정증서유언, 비밀증서유언, 구수증서유언. 이 가운데 자필증서유언은 접근하기 쉽고 비용 부담이 크지 않아 널리 활용된다. 다만 그만큼 조건에 민감하다는 점도 함께 고려해야 한다. 전문을 직접 손으로 썼는지, 연월일과 성명, 날인이 빠짐없이 들어갔는지, 수정이나 추가가 있다면 법이 정한 방식에 따

랐는지까지 살펴본다. 이 중 어느 하나라도 충족되지 않으면 유
언 전체가 효력을 잃을 수 있다.

이런 위험을 줄이기 위해 공정증서 유언을 선택하는 경우도
적지 않다. 공정증서 유언은 공증인이 작성하고 증인 두 명이
입회한 상태에서 진행된다. 유언자의 의사 확인부터 문안 작성
까지 절차 안에서 관리되기 때문에, 유효성 측면에서는 가장 안
정적인 유언 방식으로 평가된다. 다만 공정증서유언 역시 유언
이라는 제도의 틀 안에 있다. 효력은 사망 시점에 발생하고, 사
망 이후에는 유언의 내용을 현실에서 실행하는 절차가 필요하
다. 이 과정에서 유언을 실제로 처리하는 사람, 즉 유언집행자가
지정되기도 하고, 그 역할과 부담을 둘러싼 논의가 뒤따르기도
한다. 즉 공정증서 유언은 유언의 형식적 안정성을 높여 주는
방식이지, 사망 이후의 집행 구조까지 모두 대신해 주는 제도는
아니다. 이처럼 유언은 분명한 의사를 남길 수 있는 제도이지만,
그 뜻이 사후에 어떻게 해석되고 집행될지는 여러 절차와 판단
을 거치게 된다. 유언을 남겼다는 사실만으로 모든 과정이 자동
으로 정리되는 것은 아니다.

이러한 한계를 보완하기 위해 등장한 방식이 유언대용신탁이다. 유언은 사망 이전에 의사표시를 하더라도 그 효력이 사망 이후 발생하는 반면, 유언대용신탁은 살아 있는 동안 체결되는 계약으로 그 효력 또한 바로 발생한다. 즉, 상속재산이 이전되는 시점은 유언처럼 사망 이후일 수 있지만, 그 효력의 출발점은 생전 계약 체결 시가 된다. 이 차이는 생각보다 크다. 유언이 사망 이후의 절차에서 해석과 집행을 필요로 한다면, 유언대용신탁은 그 절차를 미리 계약으로 정리해 두는 방식에 가깝다. 생전에는 계약에서 정해진 기준에 따라 재산이 관리 및 운용되고, 사망이라는 사건이 발생하면 그 계약에 따라 이전과 지급이 이어진다.

공정증서 유언과 같이 유언대용신탁 역시 비용이 없는 제도는 아니다. 신탁계약을 체결하면 재산을 맡아서 처리하는 금융기관, 즉 수탁자(신탁사)에게 신탁 보수를 지급하게 된다. 다만 이 보수 구조는 금융기관과 상품에 따라 다르다. 계약 체결 단계에서 비용이 발생하는 경우도 있고, 별도의 설정 비용 없이 관리 보수에 포함되는 구조도 있다. 관리 보수는 신탁재산을 관리하고 운용하는 대가로 부과되며, 사망 이후 재산이전과 지급 절차시에는 집행 보수가 발생하는 경우가 많다. 따라서 유언대용신탁의 비용은 단순히 '얼마다'라고 말하기보다는, 어떤 재산을 어떤 상품에 어떤 구조로 계약하는가에 따라 달라진다고 볼 수 있다.

유언과 유언대용신탁의 차이는 집행 구조에서도 드러난다. 유언은 사망 이후 유언집행자 지정, 상속인 간 협의, 재산이전 절차를 하나씩 거쳐야 하는 반면, 유언대용신탁은 생전에 정해둔 계약에 따라 절차가 이어진다. 시간의 범위 역시 다르다. 유언이 보통 한 세대의 상속을 전제로 한다면 유언대용신탁은 1차, 2차 수익자를 두거나 특정 조건이 충족될 때까지 지급을 이어가는 구조를 설계할 수 있다.

흔들리지 않는 약속

유언대용신탁은 유언을 부정하기 위해 등장한 제도기 이니다. 유언이 담아내기 어려웠던 관리, 집행, 지속의 문제를 계약이라는 틀 안에서 보완해 온 구조다. 그래서 오늘날 유언대용신탁은 단순한 금융상품을 넘어, 현실적인 상속 설계의 한 선택지로 받아들여지고 있다. 무엇을 남길 것인가보다, 남긴 뜻이 어떻게 지켜질 것인가를 고민하는 사람들에게 하나의 대안을 제시하는 방식이다. 쉽게 말해 유언은 마음을 남기고, 신탁은 그 마음이 흔들리지 않도록 구조를 만든다. 종이 위에 적힌 문장이 아니라, 금융과 법률의 시스템 안에서 실제로 작동하는 약속. 한 번의 선언이 아니라, 생전의 판단이 사후까지 이어지는 절차다.

이 책은 유언이 틀렸다고 말하지 않는다. 다만 한 가지 질문을 던진다.

"당신이 남긴 뜻은, 정말 잘 지켜질 수 있을까?"

신탁, 상속의 기준을 바꾸다

Q1. 유언장은 반드시 직접 써야만 효력이 있나요?

유언 방식에 따라 다릅니다. 자필증서 유언은 유언자가 내용을 전부 직접 쓰고 날짜, 성명, 날인을 갖춰야 합니다. 그래서 일부라도 대필이 있거나 출력된 문서를 사용하면 효력이 문제될 수 있습니다. 이 요건 부담 때문에 실무에서는 공정증서 유언을 선택하는 경우도 적지 않습니다.

Q2. 컴퓨터로 작성한 유언장은 인정되지 않나요?

컴퓨터로 작성한 문서는 자필증서 유언으로는 인정되기 어렵습니다. 다만 공정증서 유언처럼 법이 정한 절차를 거치는 방식에서는 문안을 컴퓨터로 준비할 수 있습니다. 중요한 것은 문서 형태가 아니라, 해당 유언 방식의 요건을 충족했는지 여부입니다.

Q3. 유언대용신탁은 꼭 큰 재산이 있어야 가능한가요?

그렇지 않습니다. 유언대용신탁은 자산 규모보다 관리와 지급의 기준을 미리 정하는 데 의미가 있습니다. 실무에서는 예금이나 보험금처럼 비교적 단순한 금융자산을 대상으로도 활용됩니다. 금액보다 목적과 구조가 먼저 고려됩니다.

Q4. 유언과 유언대용신탁을 함께 활용해도 되나요?

가능합니다. 다만 두 제도의 내용이 서로 상충되지 않도록 설계하는 것이 중요합니다. 유언과 유언대용신탁은 효력이 발생하는 방식과 시점이 다르기 때문에, 같은 재산이나 내용에 대해 모순된 의사가 담기지 않도록 조율이 필요합니다.

Q5. 녹음을 포함한 동영상이나 녹음으로 남긴 유언도 효력이 있나요?

가능합니다. 이를 녹음유언이라고 합니다. 유언자가 유언의 취지, 성명, 날짜를 말하고, 증인도 그 내용이 정확하다는 점과 자신의 성명을 함께 밝혀야 합니다. 요건이 엄격해 실무에서 활용 빈도는 높지 않습니다.

2장

유언대용신탁의 개념과 구조

살아 있는 계약, 사후에 작동하는 약속

사람은 살아 있는 동안 수많은 결정을 내린다. 지금 이 책을 펼치게 된 선택부터, 점심 메뉴를 고르는 일이나 누구에게 전화를 걸지 정하는 순간까지. 대부분의 선택은 특별한 고민 없이 이루어진다. 그런데 이상하게도 '마지막 이후의 일'만큼은 쉽게 판단하지 않는다.

언젠가 필요하다는 건 알지만, 지금 당장 결론을 내려야 할 문제는 아니라는 생각이 앞선다. 그래서 많은 결정이 미뤄진 채로 남는다. 하지만 떠난 뒤의 일은 당신의 준비 여부와 관계없이 시작될 것이다. 재산은 누군가에게 이전될 것이고, 남은 사람들의 생활도 이어질 것이다. 다만 그 과정이 얼마나 정리되어 있느냐에 따라 남겨질 이들의 모습은 크게 달라질 수 있다. 이 지점에서 유언대용신탁이라는 제도가 등장한다.

효력은 같지만, 출발점이 다르다

유언대용신탁은 말 그대로, 사망 이후의 재산이전을 염두에 두되 그 내용을 생전에 계약으로 정해두는 신탁이다. 사망을 기준으로 재산이 움직인다는 점에서는 유언과 비슷해 보일 수 있다. 실제로 유언대용신탁은 사망을 계기로 재산이 이전된다는 결과만 놓고 보면 유언과 같은 법적 효과가 나타난다. 누가 재산을 받는지, 어떤 순서로 귀속되는지는 사망이라는 사건을 기준으로 정리된다. 하지만 차이는 그 효력이 만들어지는 시점에 있다.

유언은 사망 전까지는 하나의 의사표시에 머물러 있고, 사망 이후에 해석과 집행의 단계를 거친다.

반면 유언대용신탁은 살아 있는 동안 계약으로 내용을 확정해 둔다. 사망은 그 계약을 실행시키는 계기일 뿐이다. 무엇을 남길지, 누구에게 어떤 순서로 이어질지는 이미 생전에 정해져 있다. 현행 신탁법 역시 이러한 형태의 신탁이 유언의 형식을 따르지 않더라도 법적으로 효력을 가진다는 점을 전제로 하고 있다. 즉, 결과는 유언과 같지만 그 내용은 계약으로 미리 확정할 수 있다는 의미다.

계약에서 집행까지, 흐름을 설계한다

유언대용신탁의 절차는 비교적 단순하다. 위탁자는 생전에 어떤 재산을 맡길지, 누가 수익자가 될지, 언제 어떤 조건으로 지급할지를 정해 신탁계약을 체결한다. 예금이나 부동산, 주식, 보험금청구권처럼 재산의 종류는 다양할 수 있다. 현행 법령은 신탁업자가 신탁 받을 수 있는 재산을 금전, 증권, 금전채권, 동산, 부동산, 부동산 관련 권리, 무체재산권 등으로 구분해 정리하고 있다. 신탁재산으로 이전된 자산은 수탁자인 금융기관이 관리하거나 운용한다. 사망이 확인되면 계약서에 적힌 조건에 따라 지급과 이전이 순서대로 이루어진다. 필요하다면 한 사람에게서 수익이 끝나지 않도록 다음 수익자까지 연속해서 미리 정해둘 수도 있다. 예를 들어 위탁자가 사망하면 신탁재산으로부터 받는 수익을 배우자에게 먼저 지급하고, 배우자가 사망하면 그 이후부터는 자녀에게 이어지게 하는 방식이다. 하나의 계약 안에서 시간의 흐름을 반영할 수 있다는 점이 유언대용신탁이 갖는 대표적 특징이다. 이 방식이 실제로 어떻게 활용되는지, J씨의 사례를 통해 살펴보자.

한 가족의 선택 : J씨의 사례

J씨는 재산을 어떻게 남길지 오랫동안 고민해 왔다. 자필 유언장을 써본 적도 있었지만, 형식상의 문제로 효력이 부정될 수 있다는 이야기를 듣고 마무리를 짓지는 못했다. J씨가 바랐던 것은 복잡한 설계가 아니었다. 사망 이후 배우자의 생활이 흔들리지 않도록 하고, 그 다음에는 자녀들에게 자연스럽게 이어지게 하는 것. 그리고 그 뜻이 불필요한 해석이나 다툼 없이 그대로 실행되기를 원했다. 그래서 선택한 방식이 유언대용신탁이었다.

신탁계약서에는 이런 내용이 담겼다. 사망이 확인되면 수탁자는 배우자에게 매월 정해진 생활비를 지급한다. 배우자가 사망하면 남은 재산은 자녀들에게 균분하여 지급한다. J씨가 사망한 뒤, 은행은 사망 사실과 기본 서류를 확인한 후 계약 내용에 따라 지급을 시작했다. 배우자는 매월 정해진 금액을 받았고, 그 이후의 절차도 계약에 따라 이어졌다. 누가 언제 얼마를 받을지를 두고 가족이 다시 논의할 필요는 없었다. J씨의 사례에서 보듯, 이 과정에서 특별한 결단이나 상속인 간의 추가 협의는 필요하지 않았다. 이미 생전에 정해 둔 내용이 있었고, 수탁자는 그 내용을 확인해 계약대로 실행했을 뿐이다. 남겨진 가족이 해야 할 일은 J씨가 남긴 뜻의 해석이 아니라 확인이었다. 유언대용신탁의 강점은 바로 여기에서 드러난다. 사망 이후에 무엇을 뜻했는지를 다시 묻는 방식이 아니라, 이미 정해진 절차가 작동하는 구조라는 점이다. 다음 장에서는 이 약속이 실제로 어떻게 집행되는지, 사망 이후 어떤 절차를 거쳐 실행되는지를 조금 더 구체적으로 살펴본다.

Q&A로 정리하기

Q1. 유언대용신탁은 언제부터 효력이 생기나요?

유언대용신탁은 신탁계약이 체결되는 순간부터 효력이 발생합니다. 다만 재산의 이전이나 지급은 사망이라는 조건이 충족될 때 실행됩니다. 즉, 효력은 생전에 시작되고 집행은 사후에 이루어지는 구조입니다. 이 점이 사망 시점에 처음 효력이 생기는 유언과의 중요한 차이입니다.

Q2. 위탁자가 생전에 마음이 바뀌면 어떻게 되나요?

신탁법은 위탁자에게 생전 변경을 허용하고 있습니다. 다만 변경 대상과 절차는 신탁계약서에 정해진 방식에 따라야 합니다. 실무에서는 서면 변경과 수탁자 통지가 완료된 시점부터 그 효력이 발생하도록 설계하는 경우가 일반적입니다.

Q3. 유언대용신탁에서는 무엇이 계약으로 정해지나요?

유언대용신탁에서는 재산의 종류와 수익자, 지급 시기와 방식 등이 계약으로 정해집니다. 사망 이후의 결과뿐 아니라, 그 과정과 기준까지 미리 확정한다는 점이 핵심입니다.

Q4. 수탁자는 어떤 역할을 하나요?

수탁자는 단순히 재산을 보관하는 역할에 그치지 않습니다. 신탁재산을 관리하고, 계약 내용에 따라 지급을 실행하며, 필요한 정산과 관련 자료를 정리합니다. 위탁자가 남긴 약속을 현실에서 수행하는 주체입니다.

Q&A로 정리하기

Q5. 신탁계약을 맺으면 가족이 재산을 바로 볼 수 있나요?

신탁재산은 수탁자 명의로 관리되므로 가족이 자유롭게 열람하거나 인출할 수는 없습니다.

이는 신탁재산을 분리해 보호하기 위한 법적 구조입니다.

다만 부동산 신탁의 경우 등기부를 통해 신탁 여부를 확인할 수 있습니다.

3장

유언대용신탁의
집행

약속이 실제로 움직이는 순간

유언대용신탁의 의미는 계약서를 쓰는 날이 아니라, 그것이 현실에서 작동하는 순간에 비로소 드러난다. 생전에 맺은 한 장의 계약이 사망 이후에도 그대로 실행될 때 문장은 종이에 남고, 약속은 기준으로 남는다. 신탁의 집행은 그 기준을 증빙으로 확인하는 데서 시작된다. 위탁자의 사망이 확인되고, 수익자의 자격이 검증되면 신탁은 계약서에 정해 둔 방식으로 작동한다. 이 과정은 누군가의 판단에 맡겨지는 것이 아니라, 수탁자가 계약과 법에 근거해 움직이는 구조다. 신탁계약이 체결되면 수탁자는 재산을 별도로 관리하게 된다. 이 재산은 위탁자의 개인재산도, 수탁자의 고유재산도 아닌 신탁재산으로 취급된다. 신탁법은 이 신탁재산이 외부의 위험에 휘말리지 않도록 여러 조항을 통해 보호 구조를 만들어 두고 있다. 신탁재산의 강제집행이나 경매가 원칙적으로 제한되고, 수탁자의 상속재산이나 파산재단에도 포함되지 않도록 설계된 이유다. 이러한 구조 덕분에 신탁재산은 상속재산과 섞이지 않은 채, 별도의 기준에 따라 관리된다. 누군가의 선의나 도덕성에 기대는 방식이 아니라, 애초부터 법적으로 분리된 틀 안에서 운용되도록 만들어진 구조라고 이해하면 된다.

사망 이후, 신탁은 어떻게 움직이는가

사망이 발생하면 신탁의 집행 절차가 본격적으로 시작된다. 수탁자는 위탁자의 사망 사실을 확인할 수 있는 자료를 요청하고, 이를 바탕으로 계약서에 정한 요건이 충족되었는지를 살핀다. 사망진단서, 가족관계증명서, 기본증명서(사망 표시) 등이 예시로 안내되는 경우가 많지만, 실제 요구되는 서류는 금융기관 및 신탁의 종류와 계약 내용에 따라 달라질 수 있다. 중요한 것은 서류의 형식보다 집행 조건이 충족되었는지 여부다. 다만 신탁이 자동으로 집행된다고 해서, 아무도 아무것도 하지 않아도 된다는 뜻은 아니다. 사망 사실 자체는 수탁자가 알 수 없기 때문에, 이를 알려 줄 사람이 필요하다. 그래서 많은 신탁계약에서는 위탁자가 생전에 사망 사실을 수탁자에게 통지할 사람을 미리 정해 두며, 실무에서는 이를 편의상 '사망통지인'이라고 부른다. 사망통지인은 신탁재산을 처분하거나 판단하는 권한을 갖지 않고, 사망 사실과 관련 증빙을 전달하는 역할에 그친다. 이 통지가 이루어져야 신탁의 집행 절차도 비로소 시작된다.

하지만 수익자가 직접 지급을 청구하기 어려운 구조라면, 위탁자는 생전에 지급 신청을 대신할 사람을 지정해 둘 수도 있다. 실무에서는 이를 대리 신청자 또는 대리 청구권자라고 부르기도 하지만, 명칭 자체보다 중요한 것은 계약서에 그 권한과 범위가 명확히 적혀 있는지다. 이 장치는 고령자, 인지 저하 상태, 장애 수익자가 있는 신탁에서 특히 자주 활용된다. 최근 유언대용신탁 계약에서는 이러한 구조가 자연스럽게 선택된다.

K(72세) 씨는 손주의 학비를 돕기 위해 유언대용신탁을 설정했다. 계약서에는 '본인이 중증치매 판정을 받거나 사망할 경우, 손자에게 매 학기 500만 원씩 4년간 지급한다'는 문구와 함께 지급을 신청할 사람도 미리 지정해 두었다. K씨가 사망하자 지정된 사람이 관련 증빙 서류를 제출했고, 수탁자는 이를 확인한 뒤 계약서에 따라 지급을 개시했다. 학기마다 정해진 금액이 송금되었고, 약정된 지급 기간이 종료되자 신탁은 계약서에서 정한 방식으로 자연스럽게 정리되었다. 누가, 언제, 얼마를 받는지, 그리고 언제 멈추는지는 이미 문장 안에 모두 담겨 있었다.

앞선 사례처럼, 신탁의 지급 방식은 그 목적에 따라 달라진다. 생활비처럼 정기적으로 지급되는 구조도 있고, K씨의 경우처럼 학자금이나 요양비처럼 특정 조건이 충족될 때만 지급되도록 설계되는 경우도 있다. 일시금과 정기금을 병행하거나, 필요 비용만 선별적으로 지급하는 방식도 가능하다. 결국 중요한 것은 '누가, 언제, 어떤 조건에서' 자금을 받을지를 생전에 구체적으로 정해 두는 일이며, 그 한 줄의 문장이 신탁의 실행력을 좌우한다.

이 모든 과정에서 수탁자에게는 법이 정한 책임이 따른다. 신탁법은 수탁자에게 선량한 관리자의 주의의무와 충실의무를 부여하고, 신탁재산을 고유재산과 분별해 관리하도록 요구한다. 수탁자는 자신의 판단이 아니라 계약서와 법이 정한 기준에 따라 신탁사무를 처리해야 하며, 그 기준을 벗어날 경우 책임에서 자유로울 수 없다. 이 원칙이 지켜질 때, 신탁은 위탁자의 사망 이후에도 계약서에 적힌 흐름을 그대로 이어 간다. 또한 수탁기관에 문제가 발생하더라도 신탁재산이 곧바로 흔들리는 구조는 아니다.

예를 들어 수탁자가 파산하는 상황에서도 신탁재산은 영향을 받지 않도록 분리되어 관리된다. 이는 단순한 관행이나 업계의 약속이 아니라, 법이 수탁자인 신탁사의 재정 상태와 무관하게 신탁이 유지되도록 구조를 설계해 두었기 때문이다. 이렇듯 신탁법은 수탁기관에 문제가 발생하더라도, 신탁재산이 계약에서 정한 목적에 따라 계속 관리·집행될 수 있도록 전제하고 있다. 다만 이 경우에는 수탁자의 변경 등 절차가 뒤따를 수 있다. 이렇듯 법이 정한 방식에 따라 신수탁자 선임 등 필요한 절차가 진행되고, 그 과정에서 기존 계약의 취지가 유지되도록 설계되어 있다. 수익자에게 지급되는 금액이나 시기, 조건이 달라지는 것이 아니라, 그 약속을 집행하는 기관만 바뀌는 셈이다. 정기지급형 신탁의 경우에도 계약서에 정한 지급 흐름은 그대로 유지된다. 이처럼 신탁의 안정성은 특정 금융기관의 건전성에만 기대는 것이 아니다. 법이 미리 정해 둔 분리와 승계의 구조 위에서, 약속이 계속 작동하도록 만들어진 결과다. 이와 같은 신탁의 안정성은 국가가 개별 계약을 보증해서 생기는 것이 아니다. 처음부터 재산을 분리해 운용하고, 집행 조건을 계약으로 적어 둔 구조에서 나온다. 그래서 사람이나 기관에 변수가 생겨도, 약속의 흐름은 중간에서 끊기지 않는다. 유언대용신탁의 본질은 생전에 남긴 선택과 기준이 사망 이후에도 흔들리지 않도록 유지지도록 함에 있다. 이렇게 유언대용신탁은 당신의 부재 속에서도, 당신의 존재가 사라지지 않도록 남겨 둔다.

Q&A로 정리하기

Q1. 집행은 언제 시작되나요?

위탁자의 사망이 확인되고, 계약서에 정한 집행 조건이 증빙으로 입증되면 집행이 시작됩니다. 요구되는 서류는 신탁의 종류와 계약 내용에 따라 달라질 수 있습니다. 중요한 것은 서류의 명칭이 아니라, 계약에서 정한 조건이 충족되었는지 여부입니다.

Q2. 수탁자는 어떤 책임을 지나요?

신탁법은 수탁자에게 선량한 관리자의 주의의무(제32조)와 충실의무(제33조)를 부여합니다.

수탁자는 자신의 판단이 아니라, 계약서와 법이 정한 기준에 따라 신탁사무를 처리해야 합니다. 이 의무를 위반해 신탁재산에 손해가 발생하면 법적 책임이 문제 될 수 있습니다.

Q3. 수익자가 직접 지급을 청구하지 못할 때는요?

위탁자는 치매 등 위급시를 대비하여 계약서에 지급 신청을 대신할 사람을 미리 지정해 둘 수 있습니다. 이 경우 해당자는 수익자를 대신해 지급을 신청하고, 수탁자는 계약서에 정한 권한과 요건을 확인한 뒤 집행 절차를 진행합니다.

Q4. 신탁 회계 기록은 의무인가요?

그렇습니다. 신탁법은 수탁자에게 신탁사무와 관련한 장부 비치와 재산목록 작성을 의무로 규정하고 있습니다(제46조). 이 기록은 신탁이 계약서에 따라 집행되었는지를 사후에 확인하기 위한 절차입니다. 관련 서류는 법에서 정한 기간 동안 보존됩니다.

Q&A로 정리하기

Q5. 사망 사실은 누가 수탁자에게 알려야 하나요?

수탁자는 위탁자의 사망 사실을 자동으로 알 수 없기 때문에, 이를 통지할 사람이 필요합니다. 그래서 신탁계약에서는 보통 사망 사실과 관련 증빙을 전달할 사람을 미리 정해 둡니다. 이 통지가 이루어져야 신탁의 집행 절차도 시작됩니다.

4장

신탁이 바꾸는
상속의 절차

제도의 밖에서 제도의 중심으로

사람이 세상을 떠나면 법은 절차를 시작한다. 사망신고를 하고, 상속재산을 확인하며, 협의분할과 등기 이전이 이어진다. 정해진 순서처럼 보이지만, 실제 상속의 현장은 늘 그렇게 흘러가지 않는다. 감정이 법보다 먼저 움직이기 때문이다. 누가 얼마를 받느냐보다, 누가 더 인정받았다고 느끼는지가 갈등의 출발점이 된다. 상속은 제도의 문제이면서 동시에 마음의 문제다. 유언대용신탁이 바꾸는 건 '누가 받느냐'보다 상속이 진행되는 방식이다. 상속인 협의가 중심이던 절차가, 계약 집행이 중심인 절차로 옮겨가면서 상속의 무게는 달라진다.

상속은 사망으로 시작되지만, 준비는 그 이전에 이루어진다

민법은 상속이 사망으로 시작된다고 정하고 있다. 유언의 형식과 무관하게, 상속은 사망 이후에 절차가 열리고 그 내용은 집행 과정에서 해석과 확인을 거치게 된다. 그래서 상속은 생전에 뜻을 남겨 두었더라도, 사후에는 남은 사람들이 그 내용을 어떻게 적용할 것인지가 문제가 되는 구조로 이어져 왔다.

하지만 유언대용신탁이 등장하며 이 흐름을 바꾸었다. 사망 이후의 판단과 해석에 맡겨 두던 일을, 살아 있을 때 위탁자의 의지로 계약서에 정리해 둔다. 누가 무엇을, 언제, 어떤 방식으로 받을지 상속인들의 판단이 아니라, 위탁자가 남긴 문서에 따라 움직인다. 그 결과 상속은 남의 판단에 맡겨진 절차가 아니라, 생전에 정해 둔 의지가 그대로 실행되는 과정에 가까워진다.

협의의 상속에서, 집행의 상속으로

이런 경우를 떠올려 보면 이해가 쉽다. L씨는 자신이 보유한 아파트를 유언대용신탁으로 설정했다. 계약서에는 수탁자, 사망 이후의 임대수익 지급 방식, 그리고 최종적인 재산 귀속 구조가 명확하게 정리돼 있었다. 누가 언제 무엇을 받는지, 그 기준은 이미 문서로 남아 있었다. 시간이 흘러 L씨의 사망 이후 일부 상속인은 "해당 부동산도 상속재산이니 협의 대상이 된다."고 주장했다. 하지만 그 아파트는 생전에 신탁으로 이전돼 있었기에, 등기부와 신탁원부에 그 구조가 명확히 기재돼 있었다. 이 순간 상속의 중심은 협의 절차를 넘어 집행으로 이동한다. 누가 동의하는지를 따질 문제가 아니라, 계약서에 적힌 내용을 어떻게 이행할 것인지가 핵심이 된다. 신탁계약서 한 장이 상속 절차 전체의 기준이 되는 과정이다.

기존의 상속은 상속인 전원의 합의를 전제로 움직였다. 한 사람의 반대만으로도 절차가 멈추고, 유언의 해석이 갈리는 순간 가족간 분쟁으로 번지기 쉬웠다. 절차는 법에 있었지만, 실제 흐름은 사람에게 달려 있기 때문이다. 하지만 신탁은 사망과 동시에 계약 조항이 발동되고, 수탁자는 그 조건을 확인한 뒤 즉시 집행을 시작한다. 법원의 판단이나 추가적인 협의를 기다리지 않아도 된다. 감정이 아니라 계약이 중심이 되고, 사람의 해석보다 문서의 내용이 앞선다. 이렇듯 유언대용신탁은 상속의 패러다임 자체를 바꾸어 나가고 있다.

과거의 상속이 협의와 감정의 시간이었다면, 이제는 질서의 과정에 놓인다. 누가 얼마를 받을지를 놓고 다투기보다, 누가 언제 어떤 방식으로 받을지를 미리 정해 두는 것. 죽음 이후에도 약속이 멈추지 않도록 설계된 질서, 그것이 신탁이 만들어 낸 새로운 상속의 모습이다.

Q&A로 정리하기

Q1. 신탁으로 옮긴 재산도 상속재산으로 나누게 되나요?

신탁으로 이전된 재산은 상속인들이 다시 협의해 나누는 대상과는 구조가 다릅니다. 이미 생전에 계약으로 관리와 귀속 방식이 정해져 있기 때문입니다. 다만 민사상 상속재산에 해당하는지 여부와 상속세 과세 대상인지는 별도로 판단됩니다.

Q2. 유언이 있어도 결국 분쟁이 생길 수 있나요?

유언이 있더라도, 사후 집행 과정에서는 해석이나 적용을 둘러싼 논점이 남을 수 있습니다.

유언은 의사를 남기는 방식이고, 그 뜻을 어떻게 실행할지는 사후 절차의 문제로 이어지기 때문입니다. 이 지점이 신탁과 구조적으로 다른 부분입니다.

그렇지 않습니다. 유언대용신탁이라도 유류분 반환청구의 대상이 될 수 있습니다. 쟁점은 신탁이라는 틀이 아니라, 그 신탁계약의 실질이 상속인의 법정 유류분을 침해하는 결과를 가져왔는지 여부입니다.

Q4. 신탁재산은 상속등기를 따로 해야 하나요?

신탁재산은 수탁자 명의로 관리되는 구조이기 때문에, 보통 신탁등기가 진행됩니다. 그리고 신탁이 종료되어 수익자에게 소유권이 이전될 때는 그 원인에 맞는 상속등기 절차가 진행됩니다.

Q5. 상속세 신고 절차는 달라지나요?

상속세 신고 자체는 원칙적으로 그대로 진행됩니다. 다만 신탁계약으로 재산의 구성과 흐름이 미리 정리돼 있어, 사후에 재산을 확인하고 정리하는 부담은 줄어드는 편입니다. 세금 문제는 신탁 여부와 별도로 검토가 필요합니다.

2부

유언대용신탁의 설계와 운용

1장

유언대용신탁은
어떻게 설계되는가

신탁 상담을 하다 보면, 사람의 인생이 한 장의 종이로 압축되는 순간을 자주 마주한다. 그 종이 안에는 재산보다 더 많은 이야기가 들어 있다. 가족 간의 오해, 두려움, 미안함, 그리고 마지막으로 남기고 싶은 마음까지. 그래서 유언대용신탁의 설계는 단순한 계약서 작성을 넘어, 삶의 질서를 조율하게 된다. 한번은 이런 말을 들은 적이 있다.

"제가 없을 때 아이들이 서로 등을 돌릴까 봐 두렵습니다. 그래서 한 사람이라도 욕심내지 않게, 미리 계획을 세워두고 싶어요."

이 말은 단순히 재산 분배의 문제가 아니라, 가족의 관계를 지키고 싶은 마음에서 비롯된 것이었다. 유언대용신탁은 바로 이런 불안과 의도를 구조로 바꾸어 주는 수단이다.

상담 중 고객들이 먼저 입을 떼는 순간은 '무엇을 위해 신탁을 하려는가'를 말할 때이다. 신탁법은 신탁을 수익자의 이익 또는 특정의 목적을 위하여 신탁재산을 관리·처분하게 하는 법률관계로 정의한다. 그래서 상담은 자연스럽게 누구의 이익을 위한 것인지, 혹은 어떤 목적을 위해 신탁을 두려는 것인지부터 정리하게 된다. 이 질문은 상담자가 던지기 전에, 대부분 고객이 먼저 꺼내 놓는 이야기이기도 하다. 이렇듯 유언대용신탁 상담을 하다 보면, 고객들이 반복적으로 꺼내는 이유는 대체로 세 가지로 정리된다. 1) 가족 간 다툼 없이 질서를 남기고 싶다는 마음, 2) 자산을 내 뜻대로 구체적으로 나누고 싶다는 바람, 그리고 3) 복잡한 절차 없이 사후에도 자연스럽게 이어지는 구조를 원한다는 점이다.

이런 이야기는 특정 개인의 고민에 그치지 않는다. 유언대용신탁이 주목받는 배경을 설명하는 언론 보도와 업계 분석에서도, 상속 분쟁을 줄이고 사후 절차를 보다 매끄럽게 정리하려는 목적이 반복적으로 언급된다. 상담 현장에서 마주하는 고민과, 제도가 확산되는 이유가 같은 지점을 향하고 있는 셈이다. 이

목적이 분명해지면, 그 다음의 계약 설계는 자연스럽게 이어진다. 누구에게, 언제, 어떤 방식으로 전달할 것인지의 기준이 서기 때문이다.

남겨질 사람을 떠올리며

신탁 상담을 진행할 때, 나는 자산 목록과 가족 관계도를 고객과 함께 그려본다. 이 과정은 단순한 문서 점검이 아니라, 가족 안에서 자산이 어떤 의미를 가져왔는지를 살펴보는 일이다. 어떤 자산이 누구에게 중요한지, 특정 자산이 그 가족의 삶에서 어떤 역할을 해왔는지를 이해해야 신탁은 비로소 설계가 된다. 자산 목록과 관계도가 정리되면, 구체적인 신탁 계약 작성을 위해 세 가지 질문을 던진다.

첫째, 이 중 어떤 재산을 맡길 것인가?
둘째, 누구에게 전달할 것인가?
셋째, 어떤 방식과 조건으로 전달할 것인가?

그리고 이 질문에 대한 답을 문서로 옮긴 것이 바로 유언대용신탁이다. 이 가운데 가장 먼저 살펴볼 부분은 '무엇을 맡길 것인가'이다. 예금처럼 숫자로 존재하는 자산과, 부동산처럼 등기와 이전 절차가 필요한 자산은 전혀 다른 방식으로 다뤄진다. 유언대용신탁은 사망 이후를 위한 약속이지만, 그 출발점은 언제나 '지금'이다. 계약이 체결되는 순간부터 재산의 이동과 관리가 이미 시작되기 때문이다. 예금이나 펀드 같은 금융자산은 신탁계좌로 이전되어 수탁자 명의로 관리된다. 비교적 속도가 빠르고 유연해, 필요에 따라 일부를 인출하거나 분할해 지급할 수 있고, 사망 이후에도 생활비나 상속세 납부 재원으로 활용될 수 있다.

부동산을 신탁재산으로 두는 경우에는, 실무상 소유권을 수탁자 명의로 이전하고 신탁등기를 해 두는 방식으로 설계하는 경우가 많다. 특히 매각이 예정된 자산이라면 그 시점과 방법, 매각대금의 귀속 구조를 계약 단계에서 미리 정해 두어야 한다. 예를 들어 배우자가 생존해 있는 동안에는 임대수익을 지급하고, 배우자 사망 후에는 부동산을 매각해 잔여재산을 자녀에게 나누는 구조가 그렇다.

보험금형 신탁은 또 다른 방식으로 작동한다. 생명보험의 수익자를 수탁자로 지정해 두면, 사망 시 보험금이 신탁계좌로 유입되고, 수탁자는 계약에서 정한 기준에 따라 지정된 사람에게, 지정된 방식으로 보험금을 지급한다. 보험금청구권 신탁은 2024년 11월부터 관련 법령과 규정이 정비되며 제도적 기반이 마련되었다. 이를 통해 보험금 역시사망 이후를 대비한 신탁 설계 안에서 구조적으로 관리할 수 있게 되었다. 이 밖에도 주식, 채권, 임대보증금, 분양권처럼 현금화 절차가 필요한 자산 역시 신탁 구조 안에서 관리할 수 있다. 신탁의 틀은 하나지만, 그 안에 담기는 내용은 재산의 성격만큼이나 다양하다.

미리 정해 두는 마음

다음으로 중요한 질문은 누가 언제 얼마를 받을 것인가이다. 지급 방식은 신탁이 실제로 작동하는 방식을 결정한다. 일반적으로는 일시금, 정기금, 조건부 지급으로 나뉘며, 이들을 혼합해 설계하는 경우두 적지 않다. 예를 들어 배우자에게는 매월 일정한 생활비를 지급하고, 자녀에게는 일정 연령에 도달한 이후 잔여재산을 이전하며, 손자에게는 대학 입학 시 학자금을 지급하는 식이다.

하나의 계약 안에서 복수의 수익자를 서로 다른 조건과 방식으로 지정하는 것도 가능하다. 또한 신탁법은 수익자의 사망을 전제로 수익권이 다음 사람에게 이어지도록 정할 수 있게 하고 있다. 이를 통해 신탁은한 세대에서 다음 세대로 자연스럽게 이어지는 구조를 가질 수 있다. 다만 상속포기나 실종처럼 사망 외의 변수까지 자동으로 처리되지는 않기 때문에, 이러한 상황은 계약 조항으로 미리 설계해 두는 것이 필요하다.

변해도 괜찮도록

유언대용신탁은 한 번 정해 두고 끝나는 계약이 아니다. 위탁자의 삶이 변하면, 그에 따라 약속 역시 조정될 수 있어야 한다. 자녀의 결혼, 배우자의 건강 변화, 가족관계의 변화 같은 인생의 변곡점에서 신탁 계약을 다시 살펴보는 경우는 적지 않다. 신탁법은 당사자 간 합의에 따라 신탁을 변경할 수 있도록 규정하고 있다. 또한 예견하지 못한 특별한 사정이 생긴 경우에는 법원의 판단을 통해변경이 이루어질 수 있도록 하고 있다. 결국 신탁의 변경과 해지는 계약의 본질과 닿아 있다. 처음부터 조건과 절차를 명확히 정해 두면, 사후 분쟁을 줄이고 위탁자의 의도를 보다 안전하게 이어갈 수 있다.

한 가족의 이야기

70대 초반의 한 부부는 배우자가 치매 진단을 받은 이후, 본인 사망 후 남겨질 배우자의 생활과 돌봄을 걱정하며 유언대용신탁을 검토했다. 이들은 생전에 아파트를 포함한 자산을 신탁으로 이전해 다음과 같은 구조를 설계했다. 본인 사망 후 배우자에게 매월 생활비를 지급하고, 배우자가 중증치매로 요양시설에 입소할 경우 부동산을 매각해 요양비로 활용하며, 배우자 사망 후 남은 재산은 두 자녀에게 정해진 비율로 나누는 방식이다. 이와 같은 구조는 최근 유언대용신탁에서 자주 활용되는 전형적인 형태다. 지급 조건과 순서를 계약서에 명확히 담아두면, 사망 이후 수탁자는 증빙서류 확인만으로 절차를 집행할 수 있다. 유언대용신탁은 한 사람의 의지를 문장이 아니라 절차로 옮겨, 그 뜻이 실제로 실행되도록 만드는 장치다.

Q&A로 정리하기

Q1. 유언대용신탁의 수수료는 어떻게 구성되나요?

은행형 신탁의 수수료는 보통 설정 단계에서 발생하는 비용과, 신탁재산을 관리·집행하는 과정에서의 보수로 구성됩니다. 다만 수수료의 명칭이나 부과 방식은 금융기관과 상품 구조에 따라 달라질 수 있습니다. 중요한 것은 수수료의 높고 낮음보다, 신탁 구조가 위탁자의 목적에 맞게 설계되어 있는지 여부입니다.

Q2. 법률가나 세무사의 참여가 필수인가요?

법적으로 반드시 참여해야 하는 것은 아닙니다. 하지만 비상장주식이나 다수의 부동산처럼 법률·세무 쟁점이 함께 발생할 수 있는 구조라면, 전문가 자문을 통해 사전에 점검하는 경우가 많습니다.

Q3. 가족에게 신탁 내용을 꼭 알려야 하나요?

의무는 아니지만, 신탁의 존재를 아무도 모르는 경우, 사망 이후 절차가 지연되거나 불필요한 오해가 생길 수 있습니다. 사망 사실을 통지할 사람을 미리 지정해 두면, 내용을 모두 공개하지 않으면서도 절차를 원활히 이어갈 수 있습니다.

Q4. 유언대용신탁을 설정하면 유언은 필요 없나요?

유언대용신탁과 유언은 상호보완적으로 활용될 수 있습니다. 신탁으로는 장례에 관한 의사나 재산의 관리와 지급 구조를 설계하고, 유언으로는 신탁에 담지 않거나 담지 못한 재산(예시 : 농지 등)을 정리하는 방식이 가능합니다.

Q5. 신탁을 설계할 때 가장 먼저 생각해야 할 것은 무엇인가요?

누구에게, 어떤 방식으로, 언제 어떤 조건으로 자산을 남기고 싶은가입니다. 이 질문에 답해 나가는 과정 자체가 유언대용신탁 설계의 출발점이 됩니다.

2장

신탁 계약 관계인

유언대용신탁은 세 사람이 맡은 역할이 명확하게 나뉘는 구조다. 재산을 맡기는 사람, 그 재산을 관리하고 집행하는 사람, 그리고 그 혜택을 받는 사람이 각자의 위치를 갖는다. 이 셋의 위치가 분명해지면 신탁은 상황이 복잡해도 일정하게 움직이고, 사후 절차도 흔들림 없이 이어진다. 이 장에서는 이 세 사람의 관계가 어떤 방식으로 맞물려 신탁을 실제로 작동시키는지 살펴본다.

역할은 나뉘고, 구조는 이어진다

신탁의 출발점은 위탁자다. 어떤 재산을 넣고, 누구에게 어떤 방식으로 전달할지, 지급에 조건을 둘지 등을 결정하는 사람이다. 신탁법 제2조에서 규정하는 '신탁의 설정자'가 바로 위탁자이며, 법에 따라 생전에 수익자를 바꾸거나 지급 조건을 주정할 수 있다. 이러한 변경권은 삶의 상황이 달라질 때, 신탁을 그에 맞게 다시 손볼 수 있게 해준다. 다만 신탁행위에서 특정 제한을 두었거나 법령상 허용되지 않는 방식으로 변경할 수는 없다. 결국 위탁자는 신탁의 기본 방향을 정하고, 신탁은 그 방향을 절차로 옮겨 놓는 구조다.

　수탁자는 신탁재산을 이전 받아 보관하고 관리하며, 약정된 시점에 맞춰 수익자에게 지급을 집행한다. 재산을 보유하는 것처럼 보이지만, 그 재산은 어디까지나 신탁재산이므로 수탁자는 이를 자신의 이익을 위해 사용할 수 없다. 국내 신탁법은 수탁자의 자격을 비교적 넓게 허용한다. 미성년자나 파산자처럼 명확한 결격사유가 있는 경우를 제외하면 개인도 수탁자가 될 수 있다. 하지만 유언대용신탁처럼 장기간 운영되는 구조에서는 회계 관리, 보고 의무, 사후 집행 등 전문성이 필요한 부분이 많다. 이 때문에 실무에서는 개인이 수탁자가 되는 경우는 드물고, 금융회사나 신탁업 인가 법인이 수탁자로 지정되는 것이 일반적이다. 기록의 투명성, 책임의 분명함, 감독 체계의 지속성이 장기간 유지에 필요하기 때문이다. 하지만 해외에서는 다른 모습도 볼 수 있다. 특히 미국에서는 가족이나 지인이 수탁자가 되는 생전신탁이 활용되는 사례를 흔히 볼 수 있다. 이러한 신탁은 위탁자가 생전에 구조를 정해 두고 사망 이후에는 별도의 법원 절차 없이 재산을 정리하는 것이 특징이다. 가족이 중심이 되는 구조라는 점에서 국내 사례와는 차이가 있다.

　수익자는 신탁재산에서 급부를 받는 사람이다. 지급 조건이 충족되면 권리가 발생하고, 수탁자는 신탁행위에 적힌 내용에 따라 지급을 진행한다. 이는 신탁법 제56조에서 규정한 원칙이다. 수익자의 권리는 쉽게 제한할 수 없다. 장부 열람, 신탁위반 행위의 중지 요구, 신탁의 유지 요청 같은 기본적인 권리 역시도 신탁법 제61조에서 보장하고 있다. 이로 인해 수익자는 신탁이 약속된 방식으로 운영되고 있는지를 확인할 수 있는 위치를 갖는다. 또한 수익자는 한 사람으로 고정될 필요가 없다. 위탁자는 생전에 수익자를 변경할 수 있고, 앞장에서 살펴본 것처럼 연속 수익자 구조를 활용하면 '배우자 → 자녀 → 손자'와 같이 여러 세대에 걸쳐 급부가 이어지도록 설계할 수도 있다. 한 번 설정한 신탁으로 오랜 기간의 재산 이전 구조를 마련할 수 있다는 점은 유언대용신탁의 실무적 장점이다.

　이와 같이 위탁자·수탁자·수익자는 서로 다른 역할을 맡지만, 이 구조가 정확하게 맞물릴 때 신탁은 가장 안정적으로 작동한다. 위탁자의 목적에 따라 설정된 절차를 수탁자가 그대로 집행하고, 수익자가 그 결과를 확인하는 방식이다. 감정이나 협의보다 계약 내용과 절차가 중심이 되므로 분쟁 가능성은 줄어들고, 사후에도 예측 가능한 흐름이 이어진다. 이 관계의 틀이 이해되면 신탁 설계는 훨씬 단순해진다. 어떤 자산을 넣더라도 기본 구조는 같고, 목적에 맞게 조건만 조정하면 되기 때문이다. 다음 장에서는 이러한 구조가 실제 자산에 적용될 때 어떤 방식으로 구성되는지, 예금·보험금·부동산 등 자산별 신탁 설계를 중심으로 살펴본다.

Q1. 수익자는 가족으로만 지정해야 하나요?

아닙니다. 가족이 아닌 제3자 개인이나 기관·단체·공익법인도 수익자로 지정할 수 있습니다. 사망 후 공익법인등에 귀속되도록 설계하고, 상속세 및 증여세법 제16조의 요건을 충족하는 경우에는, 해당 재산이 상속세 과세가액에서 제외될 수 있습니다. 다만 공익사업 요건과 신고 기한 등 법에서 정한 조건은 충족해야 합니다.

Q2. 위탁자가 사망한 뒤 수익자가 아닌 상속인은 신탁 내용을 열람할 수 있나요?

일반적으로 전체 신탁계약서를 열람하기는 어렵습니다. 상속인은 신탁계약의 당사자가 아니기 때문입니다. 다만 부동산을 신탁한 경우 신탁원부로 해당 계약내용을 확인할 수 있고 상속세 신고 등 법적 절차에 필요한 범위에서는 자료가 제공될 수 있습니다.

Q&A로 정리하기

Q3. 위탁자의 나이 제한이 있나요?

법령상 나이 제한은 없고 금융기관마다 가입연령에 차이가 있을 수 있습니다. 고령이라는 이유만으로 신탁 설정이 제한되지는 않습니다. 다만 금융회사에서는 의사능력 확인을 위해추가 확인이나 의사소견서를 요청할 수 있습니다.

Q4. 신탁을 설정하면 사후에 가족 간 협의 없이 집행되나요?

네, 그렇습니다. 유언대용신탁은 사망 후 협의가 아니라 생전에 확정된 계약에 따라 바로 집행됩니다. 수탁자는 지급 조건만 확인하면 됩니다.

Q5. 수익자가 지급을 청구하지 않으면 신탁은 종료되나요?

아닙니다. 신탁 종료는 청구 여부가 아니라 신탁계약상 종료 조건이 충족되었는지를 기준으로 판단됩니다. 지급 조건이 충족되면 수탁자가 절차를 안내해 집행하며, 필요한 경우 대리 청구권자를 지정해 둘 수도 있습니다.

3장

재산별 신탁의 구성

신탁의 바구니

유언대용신탁은 특별한 자산을 가진 사람만을 위한 제도가 아니다. 현금이든, 집 한 채든, 보험금이든, 또는 오래 지켜온 회사의 지분이든 자산의 종류가 달라도 신탁은 각자의 방식으로 작동할 수 있다. 어떤 경우에는 생활비가 끊기지 않도록 돕는 장치가 되고, 어떤 경우에는 부동산을 둘러싼 다툼을 미리 정리하는 틀이 된다. 보험금처럼 한 번에 들어오는 돈도, 유가증권이나 비상장주식처럼 관리가 필요한 자산도 상황에 맞게 맡기고, 나누고, 이어갈 수 있다. 이번 장에서는 유언대용신탁에 자주 담기는 자산들을 하나씩 살펴보면서, '이런 자산도 신탁이 되는지', '맡길 때 무엇을 생각해 두어야 하는지'를 중심으로 이야기를 풀어가려 한다. 이 장을 읽고 나면, 유언대용신탁은 먼 이야기나 복잡한 제도가 아니라 내가 가진 자산을 어떻게 남길지 생각해 볼 수 있는 선택지로 다가올 것이다.

1. 금전

금전은 신탁 편입 과정이 가장 단순하면서도, 결과가 분명한 자산이다. 신탁계좌로 이체되는 순간 신탁재산으로 분리되고, 수탁자는 이를 자신의 고유재산과 구분해 관리해야 한다. 신탁법은 수탁자에게 이러한 분별관리의무를 부과하고 있다. 이러한 금전형 신탁의 가장 큰 강점은 즉시 대응력이다. 예상하지 못한 의료비나 요양비, 갑작스러운 생활비처럼 갑자기 필요한 비용이 생겼을 때, 가장 먼저 역할을 할 수 있는 자산이 바로 금전이다. 실제 상담 현장에서 위탁자들이 자주 하는 말이 있다. "혹시라도 병원비나 요양비가 갑자기 필요해도, 자금이 막히지 않았으면 해요." 금전형 신탁은 이런 상황을 전제로 설계된다. 필요한 시점에, 필요한 만큼이 자연스럽게 집행되도록 정해 두는 것이다. 그러면 예기치 않은 상황에서도 생활의 리듬이 크게 흔들리지 않는다. 생전에는 의료비·생활비 등이 안정적으로 지급되고, 사후에는 남은 금액이 미리 정한 기준에 따라 분배된다. 단순해 보이지만, 금전은 유언대용신탁 전체 구조에서 가장 먼저 움직이고, 가장 오래 버텨주는 재원이다.

2. 부동산

부동산은 유언대용신탁에서 생활과 가장 밀접하게 맞닿아 있는 자산이다. 지금 살고 있는 집이거나, 매달 임대료가 들어오는 공간이기 때문에 부동산은 단순한 소유의 문제가 아니라 삶의 방식과 바로 이어진 자산이 된다. 그래서 거주 목적이든 임대 목적이든, 신탁등기부터 관리, 임대차, 처분 절차 까지를 계약 안에서 하나하나 정리해 두어야 한다. 부동산이 신탁에 들어가는 순간부터, 어떻게 관리되고 언제 정리될지가 함께 설계되는 이유다.

현실에서는 부동산이 상속 과정에서 가장 많은 갈등을 만들어내는 자산이기도 하다. 통계청 조사에서도 우리나라 가계 자산의 상당 부분이 부동산에 집중되어 있는 것으로 나타난다. 고령 가구로 갈수록 그 비중은 더 높아지고, 현금과 달리 쉽게 나눌 수 없는 특성까지 겹치면 충돌 가능성은 더욱 커진다. 따라서 막상 상속이 시작되면 이런 고민이 자주 등장한다.

"생전에는 지금 집에서 계속 살고 싶고, 사후에는 자녀에게 공정하게 나눠졌으면 합니다."

이럴 때는 생전 기존 거주를 유지하고 사후에는 수탁자가 부동산을 매각해 현금화한 뒤 자녀에게 지급하는 방식으로 설계

할 수 있다. 누가 언제 집을 처분할지, 얼마에 팔지를 두고

가족이 다시 모여 결정할 필요가 없도록, 거주-매각-분배의 흐름을 하나의 구조 안에 담아 두는 것이다. 그만큼 사망 이후 가족이 감당해야 할 부담도 줄어든다. 임대수익이 있는 상가의 경우도 크게 다르지 않다. 배우자의 생활 안정을 위해 일정 기간 임대수익을 지급하고, 그 이후의 귀속 시점을 미리 확정해 두는 방식이 자주 활용된다.

임대차의 승계부터 관리, 수익의 분배까지가 하나의 흐름으로 이어지기 때문에, 소유자가 바뀌는 시점에도 구조가 흔들리지 않는다. 부동산은 본질적으로 나누기 어려운 자산이다. 그래서 '누가 받을지'를 정하는 것보다, '어떤 방식으로 정리될지'를 생전에 구조로 만들어 두는 일이 중요해진다. 이런 준비가 되어 있을수록, 사후의 갈등은 자연스럽게 줄어든다.

3. 보험금

앞장에서 살펴본 것처럼, 보험금은 사망을 계기로 한 번에 발생하는 자산이다. 유언대용신탁 안에 들어오면, 보험금은 단순

히 '남겨지는 돈'이 아니라 어떤 기준으로, 언제, 어떻게 쓰일지가 정해진 자금으로 성격이 달라진다. 보험금은 구조만 보면 단순해 보인다. 하지만 막상 지급 단계에 이르면 생각보다 복잡해진다. 특히 수익자가 미성년 자녀인 경우에는, 보험금을 받는 절차부터 사용 방식까지 부모가 생각했던 그림과 다르게 흘러가는 경우도 적지 않다. 이때 보험금청구권신탁은 보험금이 먼저 신탁 구조 안으로 들어오도록 해, 그 이후의 흐름을 미리 정해둘 수 있게 해준다. 생활비나 교육비처럼 정기적으로 필요한 돈은 나누어 지급하고, 일정 시점이 되면 한 번에 넘기는 방식도 가능하다. 보험금을 '언제까지 보관할지', '어떤 용도로 쓸지'를 미리 정해 두는 셈이다.

장애가 있는 자녀가 있는 경우라면 고민은 더 깊어진다. 보험금이 한 번에 지급되면, 오랜 기간에 걸쳐 필요한 생활비·치료비·돌봄 비용을 한꺼번에 관리해야 하는 부담이 생길 수 있다. 이럴 때 보험금을 신탁 안에서 단계적으로 집행하도록 설계하면, 돈의 속도와 방향을 함께 조절할 수 있다는 점에서 보다 안정적인 선택지가 된다. 보험금은 금전과 닮아 있지만, 발생 시점이 분명하고 그 순간의 영향이 크다는 점에서 다르다. 그래서 유언대용신탁에서는 '얼마를 남길 것인가'보다, 한 번에 들어오는 보험금을 어떤 기준으로 나누어 쓸 것인가를 중심에 두고 다루게 된다.

4. 유가증권

　주식·채권 같은 유가증권도 유언대용신탁에 담을 수 있는 자산이다. 상품별로 이전 가능 여부나 증권사 이관 절차를 확인해야 하긴 하지만, 일단 신탁 안에 들어오면 어떻게 관리하고 언제 정리할지를 비교적 안정적으로 설계할 수 있다. 유가증권의 가장 큰 특징은 가격이 계속 변한다는 점이다. 오를 때도 있고, 내릴 때도 있다. 하지만 신탁을 활용하면, 가격의 움직임과는 별개로 지급 시점과 지급 순서, 분배 기준은 미리 정해 둔 구조대로 유지된다. 이 점 때문에 유가증권을 신탁으로 설계하는 경우가 적지 않다. 사후에 '지금 팔아야 할지, 조금 더 기다려야 할지' 또는 '어느 가격을 기준으로 나눌지'를 두고 가족이 다시 모여 결정하는 일은 생각보다 쉽지 않다. 가격이 매일 달라질수록 판단은 늦어지고, 그만큼 갈등의 여지도 커진다. 유가증권을 신탁에 편입해 두면, 수탁자가 미리 정해 둔 기준에 따라 매도와 정산을 진행할 수 있다. 상속인이 직접 계좌를 정리하거나 타이

밍을 고민할 필요가 줄어들고, 사후 절차도 한결 단순해진다. 유가증권은 시장의 영향을 피할 수는 없지만, 그 변동 속에서도 흐름의 기준을 지킬 수 있는 자산이다. 그래서 유언대용신탁에서는 유가증권을 '얼마에 팔 것인가'보다, 어떤 기준으로 정리할 것인가를 중심에 두고 다루게 된다.

5. 비상장주식

유가증권 중 비상장주식은 가업승계에서 단순한 재산이 아니라, 회사의 방향과 의사결정에 직결되는 자산이다. 그래서 신탁에 담기 전에는 정관상의 양도 제한, 명의개서 요건, 회사의 동의 절차, 주주 간 계약과의 관계처럼 주식을 옮길 때 실제로 고려해야 할 요소들을 하나씩 점검해야 한다. 가업승계를 이야기할 때, 갈등의 출발점은 대개 지분이다. '누가 몇 퍼센트를 갖느냐'는 질문은 주는 사람과 받는 사람 모두에게 가장 직관적인 문제이고, 실제 분쟁도 이 지점에서 시작되는 경우가 많다. 지분을 어떻게 나눌 것인지는 현실에서 피할 수 없는 고민이다.

하지만 지분에 대한 갈등이 이어지다 보면, 곧 다른 문제가 모습을 드러낸다. 지분이 여러 사람에게 흩어진 이후, 회사의 중요한 결정은 누가, 어떤 기준으로 내릴 것인가 하는 문제다. 지분이 가장 많은 사람이 있더라도, 그 비율만으로는 결정을 밀어붙일 수 없는 구조가 흔하기 때문이다. 과반에 미치지 않는 경우에는 다른 주주들의 동의가 필요해지고, 정관이나 주주 간 계약에 따라 특정 안건에 추가 요건이 붙는 경우도 적지 않다. 이때부터 갈등은 지분의 크기를 넘어, 여러 주주의 판단이 어떻게 모이고 어떤 기준이 남아 있는지의 문제로 옮겨간다. 결국 가업승계에서 반복되는 갈등은, 지분 그 자체와 그 이후의 의사결정 구조가 함께 정리되지 않았을 때 커진다. 지분이 나뉜 뒤에도 회사의 중요한 판단이 어떤 틀 안에서 이루어질지에 대한 합의가 없다면, 경영 판단은 쉽게 지분 다툼으로 번지게 된다.

이 상황에서 유언대용신탁은 지분을 어떻게 나눌지뿐 아니라, 그 결과 회사의 구조가 어떻게 유지될지를 함께 고민하는 틀로 활용될 수 있다. 지분의 귀속 구조를 미리 정리해 두고, 지분이 분산되더라도 회사 운영의 큰 방향이 흔들리지 않도록 기본 구조를 남겨 두는 방식이다.

다만 비상장주식 신탁은 아직 제도적으로 다듬어져야 할 부분도 적지 않다는 지적이 이어지고 있다. 신탁된 주식과 정관의 관계, 주주 간 계약과의 충돌 가능성, 의결권이 실제로 어떻게 작동하는지에 대한 문제는 실무에서 계속 논의되는 쟁점이다. 이러한 이유로 가업승계를 위한 신탁 구조가 보다 명확하게 정비될 필요가 있다는 목소리도 꾸준히 제기되고 있다. 그럼에도 의미는 분명하다. 지분은 나누되, 회사의 기준을 남기려는 시도. 이 조율이 현실에 맞게 이루어질 때, 비상장주식 신탁은 가업승계에서 의미 있는 선택지가 된다.

Q&A로 정리하기

Q1. 부동산을 신탁하면 갑종·을종은 어떻게 다른가요?

부동산 신탁에서 말하는 갑종과 을종은, 관리 범위를 어떻게 나누느냐의 차이입니다. 갑종 신탁은 소유권을 수탁자에게 이전한 뒤, 임대·관리·처분까지 전반적인 관리를 수탁자가 맡는 방식입니다. 반대로 을종 신탁은 소유권만 이전하고, 실제 임대나 관리는 위탁자가 계속 담당합니다. 관리 부담을 줄이고 싶다면 갑종을, 관리 방식은 유지하면서 구조만 정리하고 싶다면 을종을 선택하는 경우가 많습니다.

Q2. 사망보험금만 보험금청구권신탁으로 설정할 수 있나요?

네. 현행 제도에서는 일정 요건을 충족한 일반 사망보험금에 한해 보험금청구권신탁이 허용됩니다. 재해사망이나 질병사망 특약에서 발생하는 보험금은 대상이 아니며, 보험계약자·피보험자·위탁자가 동일해야 하는 등의 요건도 함께 고려해야 합니다. 구체적인 적용 가능 여부는 보험계약 내용에 따라 달라질 수 있습니다.

Q3. 비상장주식을 신탁하면 경영권도 함께 넘어가나요?

그렇지 않습니다. 신탁을 설정했다고 해서 경영권이 자동으로 수탁자에게 이전되지는 않습니다. 경영권은 지분 구조와 주주총회 결의, 정관과 주주 간 합의에 따라 형성됩니다. 신탁은 경영권을 넘기는 장치라기보다, 의결권 행사 기준과 회사 운영의 원칙을 생전에 정해 두는 구조로 이해하시면 됩니다.

Q&A로 정리하기

Q4. 유가증권을 신탁하면 시장 위험이 없어지나요?

아닙니다. 가격 변동 위험 자체가 사라지는 것은 아닙니다. 다만 신탁에 편입하면 언제, 어떤 순서로, 어떤 기준에 따라 지급할지가 미리 정해지기 때문에 사후 집행 과정에서의 혼선과 분쟁 가능성을 줄일 수 있습니다.

Q5. 여러 자산을 하나의 신탁에 함께 넣을 수 있나요?

네, 가능합니다. 금전·부동산·보험금·유가증권·비상장주식 등을 하나의 신탁 안에서 함께 설계할 수 있습니다. 다만 자산마다 편입 절차가 다르므로, 부동산은 신탁등기, 보험금은 수익자 구조 정리 등 사전 준비가 필요합니다. 이런 절차를 미리 정리해 두는 것이 설계의 핵심입니다.

4장

신탁계약서의
핵심조항과 설계

"누구를 먼저 보호할까? 어떤 방식으로 나눌까?"

마음속에만 있던 기준이 문장으로 옮겨지는 과정에서 흐릿해지면, 사후의 집행 구조는 금세 흔들릴 수 있다. 상담을 하다 보면 이런 말들이 조심스럽게 나온다.

"이러면 첫째가 섭섭하지 않을까요?"

"장손을 돕고 싶은데 다른 손주들이 어떻게 받아들일지…."

그러나 신탁계약서를 작성하는 시간만큼은 누구의 눈치를 볼 필요가 없다. 그동안 말하지 못했던 감정이 드러나야 흐름이 정확해진다. 신탁계약에서는 말을 아껴 만든 '공백'보다, 부끄러워하지 않고 드러낸 '고백'이 훨씬 더 나은 신탁계약을 만든다. 그래서 신탁의 핵심은 '좋은 의도'가 아니라 바른 의도다. 신탁회사가 제공하는 계약서의 기본 틀은 말 그대로 틀에 가깝다. 그 틀을 어떻게 채우느냐는 각 가정의 관계, 걱정, 상황에서 자연스럽게 나온다. 그래서 이 장에서는 재산의 종류가 아니라 사람과 상황을 기준으로 설명하고자 한다. 사람을 기준으로 설계하면 그 구조는 자연스럽게 시간/순서/우선순위의 형태로 나타난다.

누구를 먼저 보호하고, 어디에 완충 장치를 두며, 어떤 흐름으로
이어갈지를 하나씩 정하는 과정이기 때문이다.

대부분의 재혼 가정에서는 배우자 보호와 전혼 자녀의 균형을
중요시한다. 따라서 재혼 가정의 설계는 '누가 더 중요하냐'가
아니라 '어떻게 가정의 안정을 만들어 줄 것인가'의 문제다. 그
래서 구조는 이렇게 정리된다. 사망 후 일정 기간은 현재 배우
자의 생활비를 안정적으로 보장하고, 그 기간 동안 집도 유지되
며, 기간 종료와 함께 배우자 지급이 마무리되고, 집은 수탁자가
정리해 전혼 자녀에게 균등하게 분배된다. 이처럼 배려의 순서
를 고정함으로써 민감한 부분을 부드럽게 넘어갈 수 있다. 재혼
가정에서 유언만으로 설계할 경우, 유언장의 진정 성립, 즉 유언
자가 직접 작성했거나 그 내용이 진실하다는 점이 인정되는 것
이 논란이 되는 경우가 많다. 날짜나 주소 한 줄이 누락되어 유
언이 무효가 되는 사례도 적지 않다. 그러나 생전 신탁으로 고
정해 두면 이런 해석 싸움과 절차 혼란이 크게 줄어드는 효과가
있다.

초고령사회로 접어든 요즘은, 고령 고객의 신탁 문의와 요청이 많아졌다. 이 경우 대부분 생전부터 사후까지 흐름을 통째로 고정하는 설계를 요청한다. 상담을 하다 보면 많은 고령의 위탁자는 "내가 떠난 뒤 배우자가 생활을 제대로 이어갈 수 있을까?" 하는 걱정을 가장 먼저 말한다. 본인도 고령이고, 배우자는 건강 기복이 잦아 걱정은 더 깊어지는 경우다. 그래서 신탁 설계는 생전과 사후를 잇는 구조로 만들어진다. 생전에는 본인이 필요한 만큼만 생활비를 사용하고, 사망 즉시 배우자에게 생활비가 자동 지급되도록 하고, 건강 악화로 의료비, 간병비가 늘어나면 진단서를 근거로 지급이 유연하게 조정되며, 절차를 감당하기 어렵다면 생전에 지정해 둔 믿을 만한 대리 청구권자가 서류 제출과 지급 요청을 대신하도록 권한을 구체적으로 명시하고, 배우자 사망 시 남은 재산은 자녀에게 균등하게 넘어가도록 한다.

유언만으로는 이 과정이 흔들리기 쉽다. 자필증서 유언은 현행 민법 제1066조에 따라 전문, 연월일, 주소, 성명을 모두 자서하고 날인해야 한다. 이 중 하나라도 빠지면 민법에 따라 효력이 문제된다. 나이를 먹고 건강이 악화되면 누구나 글씨가 흔들릴 수 있고 날짜를 누락할 수도 있다. 스스로 작성한 자필증서 유언이라도 대필 논란이 생기기도 한다. 하지만 이와 같이 연월일이 불완전하거나 날인이 누락되는 등의 사유로 유언의 효력이 인정되지 않은 판례는 쉽게 찾아볼 수 있다. 유언이 무효가 되면 배우자는 금융 계좌에 바로 접근할 수 없고, 상속인이 여러 명이라면 금융기관은 모든 상속인의 동의를 요구한다. 하지만 생전에 신탁을 설정해 두면

건강 변화와 상관없이 흐름은 그대로 이어진다. 형식 요건에 좌우되지 않기 때문이다.

이와 더불어 미성년 손주를 위한 제한형 설계 요청도 잦아졌다. 손주에게 남기는 재산은 대부분 교육비 지원의 목적이다. 그래서 구조는 단순화된다. 재학 증명서나 납부 영수증을 근거로 매년 새 학기를 준비할 수 있는 등록금 및 교재비 등을 지급하고, 생활비는 포함하지 않으며, 성년이 되면 남은 금액을 일시에 지급한다. 장학 목적의 자필증서 유언장을 남겼다가 필수사항 미기재로 무효 판결을 받은 사례도 적지 않다. 교육을 위한 돈이었으나 형식적 요건을 충족하지 못해 일반 상속재산으로 섞여 버린 경우다. 하지만 신탁에는 이런 변수가 없다. 목적이 생

전 구조로 고정되기 때문이다.

가족 간 갈등

상속인, 쉽게 말해 형제 간의 갈등을 방지하는 목적으로도 신탁은 활용된다. 이 경우에는 절차를 고정하여 감정의 여지를 줄이는 설계 방식이 요구된다. 형제 간 갈등이 깊은 집안에서는 절차가 더욱 중요하기 때문에 누가 무엇을 어떻게 할지 정하지 않으면 사소한 감정이 다시 불붙는다. 그래서 절차 중심 설계를 한다. 모든 재산은 수탁자가 한 번에 정리하고, 정리 과정은 수탁자가 단독으로 진행하며, 정산이 끝나면 같은 시점에 동일하게 지급되도록 하고, 추가 협의가 필요 없도록 절차를 처음부터 명확히 정해 둔다. 현물 자산 비중이 큰 집안에서는 이 효과가 더 크다. 상가, 주택의 매각 시기, 관리비, 사용료를 두고 합의하지 못해 재산만 묶이고 가치가 떨어지는 일이 반복되기 때문이다

실제로 국내 한 대기업 가정에서도 선대 회장의 유언장 존재 여부와 상속 협의의 적법성이 형제 사이 핵심 쟁점이 되면서, 상속 문제는 단순한 분배가 아니라 절차와 권한의 문제로 비화

해 갈등이 장기화된 바 있다. 신탁은 이 지점을 가장 명확하게 정리해 준다. 어떤 절차로, 누구의 권한으로, 어떤 순서로 분배할지를 위탁자가 살아 있을 때 이미 고정해 두기 때문이다.

이와 유사한 사례로 한 사람의 오랜 돌봄을 인정하는 계약 구조도 있다. 특히 부모를 오랫동안 돌본 자녀가 있는 가정을 상담할 때는 단순 균등 분배가 오히려 서로 간의 마음을 불편하게 만들 수 있다. 그래서 이 경우의 설계는 금액을 나누는 것이 아니라 무엇을 먼저 인정하고 정리할 것인가에 초점을 둔다. 생전에 들어간 간병비와 요양 비용을 어떤 기준으로 인정하고 어디로 (누구에게) 지급할지 먼저 정하고, 그 기준에 따라 실제 지출 내역을 정산하며, 정산만으로 설명되지 않는 오랜 돌봄이 있다면, 미리 정한 범위 안에서 별도의 인정액을 둘 수 있도록 구성한다. 실제로 이런 기준이 생전에 정리되지 않으면 남은 가족들은 각자의 기억 속 금액을 꺼내며 서로 다른 이야기를 하게 된다. 누군가는 "내가 더 많이 헌신했다."고 말하고, 누군가는 "그건 가족이라면 당연히 한 일"이라고 받아친다. 증빙이 없으면 이 대화는 금세 감정 싸움으로 번진다. 신탁은 이 부분을 구조로 명확히 해 둔다. 정산 기준과 인정 범위를 미리 적어 두기 때문에 기여가 자연스럽게 도드라지고, 가족 간 오해가 생길 여지가 줄어든다.

돈보다 마음이 먼저 정리되는 설계라고 할 수 있다.

　지금까지 살펴보았듯 신탁계약서의 완성도는 금액보다 선명한 기준에서 나온다. 가장 먼저 누구를 무엇으로부터 보호하고 싶은가 재산의 흐름을 어떤 순서로 이어가고 싶은가 어떤 부분을 자동으로, 어떤 부분을 조건부로 둘 것인가 이런 질문들의 대답이 명확해지면 사후 절차는 자연스럽게 이어진다. 신탁계약서는 단순히 재산을 분배하는 문서를 넘어, 한 사람이 떠난 뒤의 시간을 흔들림 없이 이어주는 문서다. 관계와 감정, 그리고 미래의 흐름을 한 문장씩 정리해 두는 과정인 셈이다. 다음 장에서는 이 구조가 세금과 법의 틀 안에서 어떻게 현실적으로 작동하는지 살펴본다.

Q&A로 정리하기

Q1. 자필증서유언을 쓸 때 반드시 지켜야 하는 형식은 무엇인가요?

자필증서유언은 형식이 하나만 틀려도 무효가 될 수 있습니다. 유언 내용 전체, 작성 날짜(연/월/일), 주소, 성명을 모두 유언자가 직접 손으로 써야 하고, 마지막에는 도장을 찍어야 효력이 인정됩니다. 여기서 말하는 주소는 유언자의 실제 거주지를 뜻하며, 작성 장소가 아닙니다. 형식 요건 중 하나라도 빠지면 유언은 그대로 무효가 되기 때문에, 작성 전에 반드시 이 네 가지를 확인해야 합니다. 그래서 핵심은 '내용을 어떻게 썼느냐'보다, 요건이 빠짐없이 들어갔느냐입니다.

민법은 '인감도장'을 요구하지 않습니다. 평소 쓰는 도장이나 손도장(무인)도 유효한 날인으로 인정됩니다. 하지만 서명만 있고 도장이 전혀 없는 유언장은 날인 요건을 갖추지 못해 무효가 될 가능성이 높습니다.

네, 형식 요건만 갖추면 집에서 혼자 쓴 유언도 유효합니다. 하지만 자필증서 유언은 보관과 발견 문제가 자주 생깁니다. 가족이 유언장의 존재 자체를 몰라 늦게 발견되거나, 보관 중 분실되거나, 발견해도 유효성 논란이 생기는 경우가 많습니다. 그래서 생전부터 흐름을 정확히 만들어 두고 싶다면 유언보다 신탁이 더 확실한 방안입니다.

Q4. 유언장을 써 두면 사망 후 상속인이 바로 계좌에서 돈을 찾을 수 있나요?

'바로'는 어렵다고 보는 게 안전합니다. 유언이 있어도 금융기관은 상속인 전원의 동의 여부와 각종 서류를 확인한 뒤에야 지급하기 때문에, 사망 직후 필요한 장례비 및 정리 비용이 막히는 경우가 많습니다. 반면 신탁은 생전부터 특약 구성을 통해 장례비나 상속세 비용 등 긴급 자금의 지급 경로를 미리 열어 둘 수 있어, 지연 없이 지급할 수 있습니다.

Q5. 신탁계약을 체결한 후 마음이 바뀌면 수정하거나 해지할 수 있나요?

가능합니다. 유언대용신탁은 위탁자의 사정 변화에 맞춰 생전 언제든지 수정•해지할 수 있습니다. 내용을 바꾸면 그 순간부터 새로운 자산 흐름이 바로 적용된다는 점이 가장 큰 장점입니다. 참고로 유언도 생전에 다시 쓸 수는 있지만, 유언의 효력은 사망 이후 발생하기 때문에 생전 자산 관리•지급 구조가 달라지지는 않습니다.

3부

분쟁을 막는 방"법"

1장

신탁 속
세금과 유류분

상속을 앞두고 신탁 상담을 하다 보면, 누구나 비슷한 이야기를 먼저 꺼낸다.

"신탁을 하면 상속세가 줄어드나요?"
"유언보다 세금이 덜 나온다고 하던데 사실인가요?"

상속은 감정과 경제가 얽힌 영역이고, 여기에 세금이라는 요소가 얹히면 생각보다 훨씬 복잡해진다. 그래서 신탁을 '절세 수단'으로 오해하는 경우도 적지 않지만, 법의 작동 방식은 그렇게 단순하지 않다. 신탁은 재산의 틀을 바꾸는 장치이지, 세율 자체를 낮추는 제도는 아니다. 이 사실을 이해해야 신탁의 역할이 정확히 보이기 시작한다.

세율은 그대로인데, 신탁은 왜 다르게 작동할까

상속세 및 증여세법은 재산이 언제 누구에게 넘어갔는지를 우선적으로 본다. 유언·유언대용신탁·사인증여·법정상속의 차이가 아니라, '피상속인의 사망 이후 귀속되는가'가 핵심 기준이다. 이 요건을 충족하면 모두 상속으로 본다. 따라서 유언대용신탁을 했다고 해서 세율이 낮아지는 것은 아니다.

하지만 신탁이 무의미하다는 뜻은 아니다. 세율은 그대로여도, 재산이 움직이는 시간과 경로, 세금을 부담하는 방식이 신탁 구조 아래에서 훨씬 명확해지기 때문이다. 많은 이들이 신탁계약 전 먼저 묻는 질문은 이것이다. "생전에 신탁으로 옮기면 증여세가 나오나요?" 결론은 '아니다'이다. 유언대용신탁에서 수탁자 명의로 이전된 재산은 실질적으로 위탁자가 계속 사용·수익하기 때문에 세법상 증여로 보지 않는다. 세법은 명의보다 실질을 본다. 따라서 신탁을 설정하는 것만으로는 증여세가 발생하지 않는다.

신탁에서 발생하는 소득세도 같은 로직으로 움직인다. 임대료, 배당, 이자 등 이익이 생기면 그 해에 이익을 받은 사람이 소득세를 낸다. 생전에는 위탁자가, 사후에는 사후수익자가 그 역할을 이어받는다. 즉, 신탁은 소득세를 없애는 제도가 아니라 소득의 귀속을 명확하게 정리하는 장치인 것이다.

부동산을 신탁할 경우에는 세금 관련 질문이 더 자주 나온다.

"취득세는 어떻게 되나요?"

일반적으로 신탁을 위한 명의이전은 실질적인 소유 이전으로 보지 않아 취득세가 과세되지 않는다. 더 중요한 질문은 따로 있다.

"그럼 신탁 상태에서 부동산을 팔면 양도소득세는 언제, 누가 내나요?"

수탁자가 등기명의이니 당연히 수탁자가 낼 것이라 생각될 수 있지만, 세법은 실질을 기준으로 판단한다. 즉 신탁을 통해 부동산을 실제로 처분 시 그 처분 대금이 누구에게 귀속되었는지가 기준이다.

예를 들어, 위탁자가 "이 부동산은 나중에 팔아 자녀들에게 나눠 주세요."라고 정해두고, 수탁자는 단지 그 지시에 따라 매각 절차만 진행했다면, 실질적인 이익은 위탁자나 자녀에게 귀속된다. 이 경우 양도세 납세의무도 그쪽으로 이동한다.

대법원 역시 일관되게 '명의수탁자가 아니라 실제 이익을 누린 사람이 양도소득세 납세의무자'라는 취지를 유지한다. 따라서 신탁 설계에서는 처분권한, 대금의 귀속, 수익자 지정을 명확히 해두는 것이 필수적이다.

신탁은 세금을 줄이는 도구가 아니라, 세금이 어떤 경로로 흘러갈지 미리 설계해두는 질서 정리 장치라고 이해하는 것이 정확하다.

세법이 보호하는 신탁

장애인 자녀를 둔 부모 상담시에 부모들이 항상 하는 고민은 아래와 같다.

"이 아이에게 평생 쓸 재원을 어떻게 안전하게 남길 수 있을까요?"

그 고민에 응답하기 위해 만들어진 제도가 장애인전용신탁이다. 대통령령이 정한 장애인이 가족에게 증여받은 재산을 자신만을 위한 신탁으로 설정하면, 그 재산은 평생 합산 5억 원까지 증여세 과세가액에서 제외된다. 또한 중증장애인의 경우, 의료비, 간병비, 특수교육비, 필수 생활비처럼 장애인의 삶에 필수적인 항목이라면, 신탁원본을 인출하더라도 증여세가 부과되지 않는다. 그리고 이와 같은 장애인 대상의 절세 구조는 신탁일 때만 작동한다.

상속재산을 공익법인이나 공익신탁에 출연하면 그 재산은 상속세 과세대상에서 제외된다. 공익기부라고 하면 흔히 큰 규모를 떠올리지만, 실무에서는 훨씬 현실적인 이유로 선택된다. 자녀들이 모두 자립해 더는 금전적 지원이 필요 없고, 부모 스스로도 '이제 필요한 만큼만 남기면 충분하다'고 느끼는 시점이 오면 자연스럽게 이런 생각이 따라온다. '남은 일부는 의미 있게 썼으면 좋겠다' 실제 상담에서도 이런 흐름은 자주 등장한다.

자녀 둘이 이미 독립했고, 교육비/주거비/결혼비용까지 모든 지원을 마친 어느 부모는 남은 재산을 그대로 상속할 필요는 없다고 생각했다. 차라리 특정 목적 즉 장학사업, 의료지원, 지역복지 등에 쓰이는 것이 좋겠다고 판단했다. 이럴 때 공익신탁이나 기부신탁은 가장 명확한 방식이 된다. 기부금의 사용처를 생전에 계약으로 고정해둘 수 있기 때문이다. 재단을 만들지 않아도 자신의 기부가 원하는 방향으로 지속된다. 그래서 공익신탁은 초고액 자산가보다는 자녀가 자립한 중산층 부모 세대에서 많이 선택하는 방식이기도 하다.

분쟁을 줄이는 신탁

많은 사람들이 세금만큼이나 많이 하는 질문이 있다. "신탁을 하면 그 신탁한 재산은 형제들과 나누지 않아도 되나요?" 유언대용신탁은 생전에 계약으로 누가 얼마나 받을지 이미 확정돼 있다. 그래서 신탁에 포함된 재산을 놓고 형제들이 다시 모여 비율을 정하거나 상속재산분할협의를 할 필요가 거의 발생하지 않는다. 분배 방식이 생전에 결정돼 있으니 사후에 '이걸 어떻게 나눌지'를 놓고 갈등이 발생할 구조 자체가 사라지는 셈이다.

그리고 이건 단순한 추측이 아니라, 통계로도 확인된다.

법원행정처 자료에 따르면 상속재산분할 심판청구 건수는 2016년 1,233건에서 2022년 2,776건으로 두 배 이상 증가했고, 2024년에는 3,000건을 넘어섰다. 그중 약 82%는 1억 원 이하의 재산을 놓고 벌어진 사건이었다. 가족 갈등은 재산의 규모가 클 때 생기는 것이 아니라, 정해놓지 않은 부분이 클수록 더 쉽게 생긴다는 뜻이다.

만약 상속재산분할협의가 원만하게 이루어지지 않거나, 이미 생전에 특정 상속인에게 재산이 집중되어 있었다는 사실이 드러나면, 갈등의 초점은 '어떻게 나눌 것인가'에서 '내 최소한의 몫이 침해된 것은 아닌가'로 옮겨간다. 이 지점에서 등장하는 제도가 바로 유류분이다. 유류분은 상속에서 '최소한 이만큼은 보장된다'고 법이 정해둔 몫이다. 피상속인이 생전에 재산을 어떻게 정리했든, 일정한 범위의 상속인에게는 그 몫을 완전히 빼앗을 수 없다는 의미다. 현재 기준으로 유류분 권리를 가지는 사람은 배우자와 직계비속, 그리고 직계존속이다. 형제자매는 2024년 4월 민법 개정으로 더 이상 유류분 권리를 갖지 않는다. 이 변화는 신탁의 유무와 무관하게, 상속 전반에 공통으로 적용된다.

유류분은 계산도 단순하다. 자녀가 둘인 경우, 각 자녀의 유류분은 전체 재산의 4분의 1씩이다. 재산이 10억 원이라면, 자녀한 명당 2억 5천만 원이 최소 보장 몫이 된다. 이처럼 기준은 명확하지만, 유류분을 둘러싼 분쟁은 오히려 줄어들지 않고 있다.

　법원 통계와 법조계 분석을 종합하면, 유류분 반환청구 소송은 과거보다 꾸준히 늘어나는 흐름에 있다는 평가가 많다. 이는 유류분이 상속 분쟁의 한 축으로 자리 잡았다는 점을 의미한다. 그럼 신탁으로 남겨둔 재산은 유류분으로부터 안전할까? 과거 일부 하급심에서는 '신탁재산은 유류분 산정 대상이 아니다'라는 취지의 판단이 나오기도 했다. 하지만 최근 판례와 학계의 흐름은 다르다. 신탁이라는 형식만으로 유류분을 완전히 배제할 수는 없고, 대법원 역시 이를 명시적으로 인정한 적은 없다. 최근의 유류분 분쟁은 '신탁을 했느냐'보다 실제로 특정 상속인에게 과도한 이익이 귀속되었는지 실질을 중심으로 판단된다. 따라서 신탁 설계에서는 각 상속인의 유류분을 기본적으로 고려해두는 것이 가장 안정적이다. 유류분 이상을 배정하면 소송을 통해 얻을 실익이 거의 없어 분쟁이 사실상 발생하지 않는다. 유언대용신탁은 분쟁을 없애는 제도라기보다, 분쟁이 성립할 여지를 줄이는 제도에 가깝다고 볼 수 있다.

Q1. 신탁을 하면 상속세 신고는 누가 하게 되나요?

신탁을 설정하더라도 상속세 신고와 납부 의무는 원칙적으로 수익자에게 있습니다. 다만 신탁재산은 수탁자가 일괄 관리하고 있기 때문에, 잔액이나 거래 내역 같은 자료가 정리된 형태로 제공됩니다. 그래서 실제 신고 과정은 일반 상속보다 수월해지는 경우가 많습니다.

Q2. 공익법인을 직접 만들어서 기부하면 상속세 공제가 되나요?

요건을 충족하면 가능합니다. 다만 공익법인이라는 명칭만으로 공제가 되는 것은 아닙니다. 실제로 공익 목적에 사용되는지, 운영이 독립적인지 등이 함께 판단됩니다. 출연한 재산이 가족에게 되돌아가는 구조라면 공제가 인정되기 어렵습니다.

Q&A로 정리하기

Q3. 장애인이 신탁에서 출금하는 금액은 모두 공제가 되나요?

모든 출금이 공제되는 것은 아닙니다. 이 제도는 일정 요건을 갖춘 장애인이 증여받은 재산을 본인을 수익자로 신탁하면, 그 재산가액을 증여세 과세 대상에서 제외해 주는 구조입니다. 요건이 유지되지 않으면 과세로 전환될 수 있어 설계와 관리가 중요합니다.

Q4. 유언대용신탁을 하면 상속재산분할협의를 피할 수 있나요?

대부분의 경우 가능합니다. 신탁에 편입된 재산은 사후 지급 방식이 생전 계약으로 이미 정해져 있기 때문입니다. 그래서 상속인끼리 다시 나눌 기준을 협의할 필요가 줄어듭니다. 다만 신탁에 포함되지 않은 재산은 협의 대상이 될 수 있습니다.

Q5. 사전증여를 해두면 신탁과 함께 분쟁을 더 줄일 수 있나요?

가능하지만 계산이 필요합니다. 사전증여는 유류분을 판단할 때 함께 고려될 수 있기 때문입니다. 그래서 증여만으로 분쟁이 사라진다고 보기는 어렵습니다. 신탁에서 각자의 유류분 이상이 확보되도록 설계하는 것이 핵심입니다.

2장

상속 분쟁을
막는 기준

남겨진 기억

　사람이 떠나고 나면 남겨진 이들은 각자의 방식으로 기억을 꺼낸다. 문제는 그 기억들이 늘 한 방향으로 흐르지 않는다는 점이다. 누군가는 스스로 더 많이 기여했다고 느끼고, 또 다른 이는 부모가 자신을 위해 남긴 몫이 더 있을 것이라고 기대한다. 이 서로 다른 기대들이 기준 없이 부딪히면 감정은 갈등으로 번진다. 상속 분쟁은 대개 이런 지점에서 시작된다. 생전에 충분히 말하지 못한 생각, 문서로 남지 않은 약속, 그리고 '그땐 이렇게 생각했을 것'이라는 추측이 겹친다. 누가 얼마나 돌봤는지, 어떤 선택이 더 공평했는지에 대한 판단은 사람마다 다르고, 그 차이를 조정해 줄 기준이 남아 있지 않을 때 갈등은 쉽게 법의 문제로 옮겨간다. 재산의 크기나 복잡함이 아니라, 기준이 비어 있는 상태가 분쟁을 키우는 이유다.

　최근 유언대용신탁이 주목받는 이유도 여기에 있다. 기준의 빈칸들이 모여 갈등의 공백을 만들기 전에, 신탁 계약으로 상속의 여백을 먼저 채워둘 수 있기 때문이다. 누가 언제 무엇을 받을지, 어떤 순서로 절차가 이어질지 정해 두면 사후에는 해석이 개입될 여지가 크게 줄어든다. 남겨진 사람들은 서로의 기억을 두고 다투기보다, 미리 정해 둔 흐름을 따라 움직이게 된다. 상속 갈등은 거대한 사건에서 폭발하지 않는다. 말하지 않은 빈칸과 서로 다른 생각의 조각들이 쌓여, 사소한 오해 하나에 마음이 무너지는 방식에 가깝다.

갈등은 모호한 해석에서 자란다

실제로 자주 벌어지는 상황들을 보면 이유가 분명해진다. 오래된 단독주택 하나가 전 재산이었던 어느 가족은 집을 팔아 나누자는 데까지는 의견이 같았다. 하지만 막상 현실에 들어서자 한쪽은 "지금 팔자."고 했고, 다른 쪽은 "조금만 기다리면 더 오른다."고 주장했다. 유언도 없고 처분 기준도 없다 보니 상속재산분할협의는 시작도 못 한 채 감정 싸움으로 번졌다. 이런 장면은 현장에서 반복적으로 목격된다.

만약 생전에 신탁계약을 통해 '사망 후 일정 기간 내에, 사전에 정한 평가 방식에 따라 산정된 가격을 기준으로 매각 절차를 진행한다'와 같이 부동산 처분 기준을 미리 정해 두었다면 어땠을까. 매각 시점, 가격 산정 방식, 절차의 순서가 정해져 있다면, 누구의 판단이 옳은지를 두고 다툴 이유 자체가 줄어든다.

분쟁의 양상은 부동산에서만 나타나는 것이 아니다. 초고령사회로 접어들면서 돌봄과 간병처럼 상속인 간의 기여를 둘러싼 해석 문제도 상속 과정에서 자주 등장하는 쟁점이 되었다. 민법 제1008조의2는 기여분 제도를 두고 있지만, 그 판단을 사후에 맡기다 보니 각자의 기억과 평가가 뒤섞인 상태에서 다툼으로 번지기 쉽다.

신탁에서는 이 부분을 생전 계약으로 구체화할 수 있다. 예를 들어 '일정 기간 동안 특정 상속인이 부담한 간병 비용을 미리 정한 산정 기준에 따라 계산해, 사망 후 신탁재산에서 우선 정산한다'는 식으로 기준을 남겨둘 수 있다. 기간과 산정 방식이 명확하면, 집행 과정에서 다툼은 판단이 아니라 확인의 문제로 바뀐다.

이처럼 생전의 사실을 기준으로 고정해두면, 사후의 기여분 다툼은 복잡한 해석이 아니라 계약 내용의 적용으로 정리된다. 갈등은 모호한 해석에서 자라고, 신탁은 그 모호함을 줄이는 역할을 한다.

지급 절차가 명확하지 않으면 갈등이 시작된다

　신탁을 설계할 때 놓치기 쉬운 부분이 있다. 바로 지급 절차다. 지급 시점이나 순서가 명확하지 않으면, 사후에 가족 간 해석이 엇갈리고 그 차이가 곧 갈등으로 이어진다. 실제로 부모가 세상을 떠난 뒤 신탁계좌를 두고 의견이 갈라진 사례도 있다. 장남은 장례비와 병원비를 본인이 먼저 부담했다며 "이 비용부터 정산해야 한다."고 주장했고, 차녀는 당장의 생활비가 시급하다며 "생활비를 먼저 지급해야 한다."고 맞섰다. 신탁계약서에는 '필요한 비용을 지급할 수 있다'는 문구만 있었을 뿐, 어떤 비용을 먼저 지급할지, 지급 순서는 어떻게 되는지에 대한 기준은 적혀 있지 않았다. 수탁자는 어느 쪽의 주장이 우선인지 판단할 근거가 없어 집행을 멈출 수밖에 없었고, 그 사이 가족 간 감정의 간격은 점점 벌어졌다. 만약 생전 설계에서 장례비, 의료비, 세금 재원, 생활비 등의 지급 순서와 정산 절차를 구체적으로 정해 두었다면, 이와 같은 갈등은 애초에 시작될 이유가 없었을 것이다.

기준을 따라 걷다

상속에서 고려할 것은 재산의 크기가 아니다. 그 재산이 '어떤 기준과 어떤 순서로 움직이도록 설계되어 있는지'이다. 무엇이 먼저 지급되고, 어떤 절차를 거쳐 나머지가 정리될지가 분명하면 남겨진 사람들은 감정이 아니라 기준을 따라 움직이게 된다.

분쟁이 멈추는 순간은 생각보다 고요하다. 정리가 되지 않은 마음은 서랍 속에 흩어진 종이들처럼, 어디에 두어야 할지 알기 어렵다. 하지만 생전에 기준 한 줄을 남겨두는 일은 그 종이들에 작은 메모를 붙여 쓰임을 정리해 두는 것과 같다. 무엇이 어디에 놓여야 하는지가 보이는 순간, 분쟁은 소리 없이 멈춘다.

누군가의 해석을 거치지 않아도, 누가 판단해야 할지 다시 묻지 않아도, 계약에 적힌 순서대로 움직인다. 그때부터 상속은 설득의 문제가 아니라 집행의 문제가 되고, 감정이 개입할 자리는 자연스럽게 사라진다.

Q&A로 정리하기

Q1. 민법의 '기여분' 제도는 무엇인가요?

기여분은 부모님을 돌보거나 재산의 유지 및 증식에 특별히 기여한 상속인에게, 그 기여를 반영해 상속분을 조정해주는 제도입니다. 기여분이 인정되면, 상속재산에서 해당 금액을 먼저 공제한 뒤 남은 재산을 기준으로 법정상속분을 계산하고, 그 기여분을 해당 상속인에게 가산하는 구조입니다. 다만 이 판단은 모두 사후에 이루어지기 때문에, 기여의 정도를 둘러싸고 기억이 엇갈리거나 해석 차이로 갈등이 생기기 쉽다는 한계가 있습니다. 신탁에서는 기여의 범위와 산정 방식을 생전 계약으로 정해둘 수 있어, 사후 분쟁을 줄이는 데 도움이 됩니다.

Q2. 제가 수익자인데, 다른 형제들이 부모님을 설득해 신탁을 해지하거나 바꿔버릴까 걱정됩니다. 막을 방법이 있나요?

가능합니다. 신탁은 기본적으로 위탁자가 변경·해지권을 갖지만, '수익자 동의 없이는 변경·해지할 수 없다'는 특약을 넣어두면 다른 가족의 압박으로 구조가 흔들리는 일을 막을 수 있습니다. 실무에서는 이를 해지·변경 제한 특약이라고 하며, 수익자의 서면 동의를 필수로 설정하는 방식이 일반적입니다. 이 조항이 있으면 위탁자의 판단이 흔들려도 수익자 동의 없이는 계약이 바뀌지 않습니다.

Q&A로 정리하기

> **Q3. 제가 수익자인데, 다른 형제들이 부모님 신탁 계약 내용을 열람할 수 있나요?**

원칙은 명확합니다. 수익자가 아닌 형제는 신탁 내용을 열람할 수 없습니다. 신탁법 제40조는 열람권을 위탁자와 수익자에게만 인정합니다. 그래서 생전·사후 모두 계약서 전문, 수익자 구성, 지급 조건을 요구할 수 없습니다. 사망 후 상속인은 상속세 신고에 필요한 평가액 정도만 확인할 수 있습니다. 부동산 신탁의 경우 등기부등본에 '신탁' 표시가 나오지만, 알 수 있는 것은 존재 여부뿐이고 내용은 공개되지 않습니다.

Q4. 부모님이 신탁을 설정해 두셨는데, 다른 형제가 '신탁은 무효다'라며 소송을 걸면 어떻게 되나요?

소송을 제기하는 것 자체는 가능합니다. 하지만 신탁이 실제로 무효가 되는 경우는 매우 드뭅니다. 신탁은 생전부터 계약으로 성립하고 수탁자가 관리·집행해 온 기록이 남기 때문에 사후에 "의사능력이 부족했다.", "진정한 의사가 아니다." 같은 주장이 쉽게 받아들여지지 않습니다. 대부분의 경우 계약서와 집행 기록이 명확해 신탁은 그대로 유지됩니다.

Q&A로 정리하기

> **Q5. 신탁재산은 상속재산이 아니라고 하던데, 부모님 빚(채무)이 있으면 압류될 수도 있나요?**

핵심은 채무가 언제 생겼느냐입니다. 부모님이 신탁을 설정한 이후에 생긴 채무라면 신탁재산은 이미 분리된 상태라 압류·가압류가 불가능합니다(신탁법 제22조). 반면 신탁 이전의 채무라면 채권자가 신탁재산을 향해 집행을 시도할 수 있고, 신탁이 채권자에게 불리하게 이루어졌다면 채권자취소권 문제가 생길 수도 있습니다. 정리하면, 신탁재산은 채무 시점에 따라 보호 범위가 달라집니다.

3장

외부 위험을 끊는
상속 설계

상속의 질서를 흔드는 요인은

앞 장에서 살펴보았듯이 가족 내부의 갈등에서 나오기도 하지만, 종종 외부에서 갑작스레 밀고 들어오는 위험에서도 발생한다. 이번 장에서는 그 변수들과 사전 대책에 대해 다루고자 한다. 압류, 가압류, 파산 같은 단어와 절차들은 먼 세상 사람들만의 문제처럼 막연하게 들리지만 현실에서는 우리 주변에 흔하게 나타난다.

법원행정처 자료에 따르면 압류·추심·경매를 포함한 강제집행 신청은 매년 150만 건 이상을 유지하고, 가압류 신청은 최근 수년간 증가 경향을 보인다. 개인 파산·회생 신청 건수도 해마다 13만~17만 건 사이에서 꾸준하게 이어지고 있다. 이 숫자들이 말하는 바는 분명하다. 외부에서 발생하는 경제적·법적 위험은 특수한 상황에만 등장하는 일이 아니라 누구에게나 일상적으로 다가갈 수 있는 리스크라는 점이다.

상속을 설계할 때는 가족 간 내부의 감정 문제뿐만 아니라 이런 외부 위험이 우리의 재산에 어떤 영향을 줄 수 있는지도 함께 고민할 필요가 있다. 여기서 신탁은 관리해야 할 재산과 외부에서 발생하는 위험이 한 주머니에 뒤섞이지 않도록 처음부터 따로 보관하는 방식으로 설계된다. 상속 분쟁이 '기준의 부재'에서 커진다면, 외부 위험은 '경계의 부재'에서 커진다.

누구의 재산인지, 어떤 절차로 이동하는지, 어느 순간부터 누구의 책임이 되는지가 흐릿한 구간이 생기면, 그 틈으로 집행이 들어오고 오해가 따라붙는다.

집행의 대상은 채무자다

외부에서 들어오는 위험을 이해하기 전에 먼저 기억해야 할 점은 강제집행은 채무자의 재산을 대상으로 행사된다는 것이다. 민사집행의 절차도 이 전제를 바탕으로 움직인다. 예를 들어 만약 부모가 채무를 남겼더라도 자녀가 상속포기 등 조치를 하면 부모의 채권자는 부모 명의 재산까지만 집행할 수 있다. 부모의 채무로 인해 자녀의 고유재산이 영향을 받는 일은 없다는 뜻이다. 그렇다면 신탁재산은 어디에 속할까? 이 질문에 답하는 순간 신탁의 보호 구조가 분명해진다. 신탁재산은 등기와 계좌의 이름만 보면 '수탁자 명의'로 보이지만, 법적으로는 수탁자의 고유재산이 아니라 '신탁재산'으로 따로 구분된다. 신탁법제 22

조 역시 이 분리 구조를 전제로 강제집행의 제한을 규정하고 있다. 다만 예외 조항도 함께 두고 있어, 신탁 설정 이전의 원인으로 발생한 권리나 신탁사무 처리 과정에서 생긴 권리라면 문제될 여지가 있다는 점도 기억해야 한다. 이와 같은 고객의 상담에서는 이런 걱정을 자주 듣는다.

"부모님이 재산을 신탁해 두고 저를 사후수익자로 지정하셨습니다. 제 채권자가 부모님 생전에도 이 권리에 대해 압류나 가압류를 할 수 있을까요?"

이 질문에 답하려면 먼저 무엇을 집행하려는 것인지부터 구분해야 한다. 신탁으로 편입된 재산은 수탁자 명의로 이전되어 관리·처분된다. 신탁법 제31조에 따라 신탁재산에 관한 권리·의무의 귀속주체는 수탁자다. 그리고 위에서도 말했듯 신탁법 제22조는 신탁재산에 대해 원칙적으로 강제집행·보전처분·체납처분을 할 수 없도록 규정하고 있다.

판례 역시 신탁재산의 독립성을 엄격하게 해석해 왔다. 특히 '신탁사무의 처리상 발생한 권리'에 해당하는 경우만 예외적으로 집행이 허용된다고 보며, 위탁자를 채무자로 하는 조세채권 등은 이에 포함되지 않는다고 판시하였다. 따라서 채권자가 신탁재산 자체를 직접 압류하거나 가압류하는 것은 원칙적으로 허용되지 않는다.

하지만 채권자가 겨냥하는 대상이 신탁재산이 아니라 사후수익자의 '수익권'이라면 판단은 달라질 수 있다. 수익권은 신탁에서 발생하는 이익을 받을 권리로서, 신탁행위에서 특별히 제한하지 않는 한 재산권으로 취급된다. 따라서 사후수익자의 채권자는 신탁재산을 직접 집행하는 대신, 민사집행법상 채권집행 절차를 통해 그 수익권 또는 수익권에 기초한 급부청구권을 대상으로 압류·추심 등을 시도할 수 있다. 다만 실제로 집행이 인정되는 범위는 신탁계약 및 수익권의 특성, 권리의 발생 구조 등에 따라 달라질 수 있다. 정리하면 이렇다. 신탁은 신탁재산을 격리하여 보호하는 제도이지만, 수익자의 수익권까지 일률적으로 집행에서 배제하는 장치는 아니다. 구체적인 가능 여부는 신탁계약의 구조와 권리의 성질을 함께 살펴 판단해야 한다.

사례로 보는 신탁의 보호 원리

실제 주변의 사례로 알아보자. 상담을 요청한 고객의 어머니가 몇 년 전, 미리 준비해 두어야겠다며 여유자산 일부를 유언대용신탁으로 설정해 둔 경우였다. 당시에는 사업도 안정적이어서 생활비와 사후 가족 보호를 위한 평범한 준비였다. 그런데 최근 개인 사업이 흔들리기 시작했다. 매출이 줄고 임대료가 밀리면서 어머니 명의로 채무가 발생했고, 채권자가 소송과 집행 절차를 동시에 진행하고 있었다. 자녀는 "혹시 신탁재산도 압류되는 건 아닌가요?"라며 불안해했다.

이 상황에서 핵심은 신탁이 만들어진 시점과 목적이다. 신탁은 채무가 발생하기 이미 몇 년 전에 설정되어 있었고, 그 목적도 생활 안정과 사후 대비이기 때문에 채권자는 수익자의 신탁재산에 접근하지 못했다. 실제로 위험이 남아 있는 부분은 어머니 명의의 예금·사업용 계좌 같은 일부 일반재산뿐이었다. 신탁재산은 여전히 보호된 상태로 남아 있고, 생전에 정해 둔 방식대로 앞으로 지급될 예정이다.

만약 이 신탁이 채무가 이미 과중해진 뒤에 급히 만들어진 것이었다면 결과는 달라질 수 있었다. 신탁법 제8조에 따라 사해신탁에 해당되어 신탁 설정 자체가 문제될 수 있기 때문이다. 여기서 신탁은 재산을 숨기는 장치가 아니라, 위험이 오기 전에 경계를 미리 그어두는 설계에 가깝다는 점이 이 사례에서 더욱 선명하게 드러난다.

근저당이 있는 부동산을 신탁할 때

신탁자산의 상당수를 차지하는 부동산에서는 근저당과 관련한 문의가 많다. 현실에서는 주택에 담보대출이 함께 얹혀 있는 경우가 적지 않기 때문이다. 국토교통부 통계에 따르면 국내 아파트의 절반 가까운 비율이 은행 등 금융기관의 담보대출과 함께 보유되고 있고, 이런 이유 때문에 근저당이 설정된 부동산을 신탁하려는 상담도 자연스레 증가하고 있다.

정답부터 말하자면 대출이 남아 있는 부동산, 즉 근저당이 설정된 부동산도 신탁으로 옮길 수 있다. 근저당권은 은행이 잡고 있는 '담보권'이라 부동산 소유자가 바뀌어도 그대로 유지된다. 신탁으로 넘긴다고 해서 은행의 권리가 사라지거나 약해지는 구조가 아니기 때문이다. 그래서 대출 있는 상태의 집도 유언대용신탁으로 충분히 물려줄 수 있다.

다만 여기서 주의할 점이 있다. 소유자는 수탁자로 바뀌지만 대출 계약의 채무자는 여전히 위탁자라는 점이다. 덕분에 기존 대출은 종전대로 유지되지만, 은행 입장에서는 등기상 소유자와 실제 채무자가 달라지는 구조가 되기 때문에 대출 연장이나 추가 대출을 심사할 때 조건이 까다로워지거나 거절되는 경우가 있다. 그래서 상담 시에는 대출이 남아 있는 집도 신탁은 가능하지만 대출 만기와 연장 조건을 미리 확인해두시기를 권장한다. 신탁은 기존 권리를 바꾸는 장치가 아니라 새롭게 발생할 위험을 앞단에서 차단하는 장치에 가깝다는 것을 기억해야 한다.

Q&A로 정리하기

Q1. 부모님 채무 때문에 상속을 포기하면, 신탁재산도 못 받나요?

아닙니다. 상속포기는 상속인으로서 상속재산과 상속채무를 승계하지 않겠다는 선택이며, 신탁계약에 따라 인정되는 수익자 지위까지 포기하는 것은 아닙니다. 신탁재산은 상속재산과 분리된 구조라 상속 포기 여부와 관계없이 계약대로 지급이 이어집니다.

Q2. 수탁자가 파산하면 신탁재산은 어떻게 되나요?

신탁재산은 수탁자의 고유재산과 분리된 독립 재산이라 수탁자가 파산하더라도 영향받지 않습니다. 필요하면 법원이 신탁재산관리인을 선임해 계약에서 정한 방식대로 관리와 지급이 이어집니다. 신탁은 수탁자의 개인 사정과 무관하게 계속 운영됩니다.

원칙적으로는 어렵습니다. 민간임대주택법에서 등록된 임대주택은 임대 기간 동안 임대사업자가 아닌 자에 대한 소유권 이전이 제한되어 원칙적으로 신탁 설정도 허용되지 않습니다. 다만 임대사업자 등록을 말소한 뒤에는 일반 주택으로 전환되므로 그 이후에는 신탁 설정이 가능합니다.

채무자가 위탁자인 상황에서 본인이 신탁재산에서 발생하는 이자를 수령하도록 설계하면 그 이자는 지급되는 순간 위탁자 재산이 되어 채권자 압류 대상이 될 수 있습니다. 반대로 처음부터 자녀나 배우자를 이자 수익자·사후 수익자로 정해 두면 위탁자 채무와는 분리되어 그들에게 지급됩니다. 다만 이미 채무가 과중한 상태에서 이를 피하려고 뒤늦게 신탁을 설정했다면 사해신탁으로 문제될 수 있어 개별 상담이 필요합니다.

Q5. 수익자가 미성년자이거나 판단이 어려운 경우에도 신탁재산은 보호되나요?

아직 지급되지 않은 신탁재산은 수익자 개인의 재산으로 보지 않기 때문에 외부 위험에 바로 노출되지 않습니다. 이 재산은 수탁자가 대신 관리하는 구조라, 수익자 나이나 상황과는 관계없이 분리되어 있습니다. 다만 실제로 지급된 돈은 그때부터 수익자 재산이 됩니다. 그래서 이런 경우일수록 언제, 어떻게 지급할지를 미리 정해 두는 설계가 중요합니다.

4부

각자의 이야기,
각자의 신탁

1장

가장 보통의
유언대용신탁

우리의 이야기

신탁은 특별한 사람들이 하는 걸까. 자산이 많거나, 상황이 복잡하거나, 남들과는 다른 사정이 있는 경우에만 필요한 준비일까. 현장에서 만난 대부분의 사람들은 그렇게 생각해 왔다. 그래서 자연스럽게 선을 긋는다. "우리 집 이야기는 아닌 것 같아요." 돌아보면, 우리가 살아가는 모습은 대부분 비슷하다.

집 한 채가 있고, 보통의 생활이 이어지며, 자녀들은 자라 각자의 자리를 만들어 간다. 큰 갈등도, 당장 해결해야 할 문제도 없어 보인다. 그래서 준비는 늘 뒤로 밀린다. 아직은 괜찮아 보인다는 생각이, 충분한 이유가 되기 때문이다. 이 장에서 살펴볼 이야기는 우리 주변의 이야기이며, 특별한 사정이 없어서, 오히려 가장 흔하게 마주치는 사람들의 이야기다.

경기도에 아파트 한 채를 두고 오랫동안 살아온 한 부부가 있었다. 아버지는 직장인이었고, 집안의 자산 관리는 자연스럽게 그의 몫이었다. 어머니는 살림을 중심으로 일상을 꾸려 왔다. 그 역할 분담은 오랫동안 특별한 문제없이 이어져 왔다. 자녀는 둘이었다. 하지만 이미 부모의 집을 떠나 각자의 생활을 하고 있었고, 부모가 살고 있는 집은 여전히 부모의 삶이 이어지는 공간으로 받아들여지고 있었다. 누군가 먼저 판단을 내려야 할 이유도, 그 판단을 두고 다툴 상황도 보이지 않았다. 그래서 이 집에서는 상속 이야기가 쉽게 나오지 않았다. 급한 이유도, 지금 정해야 할 필요도 느껴지지 않았기 때문이다. 하지만 한 사람이 먼저 곁을 비우게 될 경우를 떠올리면, 질문이 남는다. 어머니의 생활은 같은 방식으로 이어질 수 있을까. 만약 몸이 불편해진다면, 그에 따른 비용은 무엇으로 마련되고 어떤 기준으로 지급될까. 그동안 아버지가 맡아 오던 판단과 결정은, 누가 대신하게 될까. 자산을 어디까지 쓰고, 어떤 기준으로 관리해야 하는지는 또 어떻게 정해질까.

이 집이 고민한 것은 재산을 어떻게 나눌 것인가의 문제가 아니었다. 갈등을 막기 위한 장치를 마련하는 일도 아니었다. 누군가 먼저 곁을 비운 뒤에도, 보통의 생활이 유지될 수 있도록 하는 일이었다. 그래서 아버지는 자신이 해 오던 역할을, 신탁이라는 구조 안에 남겨 두었다. 생전에는 기존과 다르지 않게 자산을 운용하며 생활을 이어 가고, 사망 이후에는 집과 생활이 어머니에게 자연스럽게 이어질 수 있도록 일종의 보험 역할을 할 장치를 마련해 두었다. 어머니마저 자리를 비운 뒤의 모습도 함께 그려 두었다. 집을 굳이 처분하지 않더라도, 자녀들이 각각 절반씩 이어받도록 해 두었다. 이미 각자의 생활 기반이 자리 잡고 있었기에, 이 선택이 자녀 간 갈등으로 번질 가능성은 크지 않아 보였기 때문이다. 이 사례에는 큰 갈등이 없다. 그래서 신탁은 무언가를 바꾸기 위해 등장하지 않는다. 대신 그동안 유지되어 온 삶의 방식이, 사람이 바뀌어도 끊기지 않게 이어지도록 돕는 역할을 한다. 가장 보통의 유언대용신탁은 우리가 살아가는 모습을 새로 설계하는 일이 아니라, 그 보통의 형태를 유지할 수 있도록 남겨 두는 선택이다.

2장

가업승계 신탁

유언대용신탁은 개인 재산을 정리하는 도구로 알려져 있지만, 실무에서는 기업 지분을 다루는 데에도 활용된다. 특히 비상장주식은 단순한 자산이 아니다. 회사 운영과 지배 구조에 직결되는 요소다. 그래서 사후보다 생전에 기준을 세워 두려는 기업들의 관심이 커지고 있다. 최근 가업승계 전문 로펌과 회계법인에서도 대표 사망 직후의 공백을 막기 위해 유언대용신탁 설계 안에 비상장주식을 넣는 사례가 늘고 있다. 대표가 갑자기 자리를 비우면서 회사가 흔들리는 일은 실제 현장에서 반복돼 왔다. 비상장주식은 보유 비율 자체가 회사의 방향을 좌우한다. 누가 얼마나 갖고 있는지, 그 지분이 어떤 절차로 움직이는지에 따라 기업의 안정성은 크게 달라진다. 사망 이후보다 생전에 지분 이동의 기준을 명확히 세워 두는 것. 이게 핵심이다.

유언은 지분의 향방을 정할 수 있다. 하지만 효력은 사망 후에만 발생한다. 정관의 양도 제한 규정이나 주주 간 계약이 얽혀 있으면 지분 이전 절차가 늦어진다. 이 과정에서 회사 경영이 멈추면 부담은 고스란히 기업과 구성원들에게 간다. 신탁은 이런 문제를 정리하기 위한 절차적 수단이다. 경영권을 대신하는 장치는 아니지만, 지분이 언제·누구에게·어떤 기준으로 이동해야 하는지를 생전에 확정해 두는 구조를 만든다. 대표가 생전에 행사하던 의결권은 직접 보유 지분으로 유지하고, 신탁된 지분은 사후에만 작동하도록 분리하는 방식이다.

생전 운영과 사후 승계를 나눈 사례

금속 부품 제조업을 운영해 온 A 대표는 생전과 사후에 지분이 어떻게 움직여야 하는지를 미리 정리해 두는 게 필요하다고 봤다. 가업 회사에서는 지분 구조가 명확해야 회사 운영이 불필요하게 흔들리지 않는다는 걸 여러 상황을 통해 이미 알고 있었다. 전체 지분은 대표 65%, 배우자 15%, 장남과 차남이 각각 10%씩이었다. 가족 전체가 지분을 가진 구조였기 때문에 지분을 어떻게 나누고, 어떤 순서로 다음 세대에게 넘길지가 중요한 문제였다. 대표는 본인 지분 65% 중 30%를 직접 보유했다. 생전 회사 운영에 필요한 의결권을 유지하기 위해서였다. 배우자가 가진 15%도 그대로 뒀다. 초기부터 함께 운영해 온 사람으로서 주요 결정에 참여할 수 있는 구조를 유지한 것이다. 남은 35%는 신탁에 넣었다. 이 지분은 대표 사후에만 이동하도록 설계했다.

신탁재산의 의결권은 법적으로 수탁자에게 귀속된다. 다만 실무에서는 신탁업자가 회사 경영에 관여하기보다, 계약에 따른 사후 지분 이전 절차에 역할을 한정하는 방식으로 운용되는 경우가 많다. 즉, 생전에는 기존 지분 구조로 회사가 운영되고, 신탁 지분은 사후 이전 절차만 담당한다. 신탁계약에는 대표 사망 시35%가 장남과 차남에게 각각 17.5%씩 이전되도록 명시했다. 아들들이 회사 업무를 익히며 각자의 역할을 넓혀가던 상황과도 잘 맞는 방식이었다. 대표는 직접 보유한 30% 지분을 유언으로 장남에게 이전하도록 정리했다. 사후 회사의 중심축을 어디에 둘지, 생전에 분명히 결정한 것이다.

이 설계를 기준으로 하면사후 지분 구성은 이렇게 정리된다.

장남 : 기존 10% + 신탁 17.5% + 유언 30% = 총 57.5%
차남 : 기존 10% + 신탁 17.5% = 총 27.5%
배우자 : 생전 보유 15% 유지

이 구조의 핵심은 분명하다. 신탁은 의결권을 재배분하는 장치가 아니다. 사후 지분 이동을 지연 없이 실행하기 위한절차 장치다. 생전에는 기존 주주들이 의결권을 행사하고, 신탁은 사후에만 작동해지분 정리가 필요한 시점에 혼선이 생기지 않도록 돕는다.

신탁 설정 전 확인해야 할 실무 요소

비상장주식을 신탁으로 정리하기 전에는 아래와 같은 기업 내부의 기본 규정을 반드시 확인해야 한다.

1) 정관의 양도 제한 규정을 통해 신탁 편입 시 이사회나 주주총회 승인이 필요한지 확인한다.

2) 주주명부 관리 방식을 확인하여 외부 대행기관이 있다면 명의개서 일정을 조율해야 한다.

3) 주주 간 계약 존재 여부는 우선매수권, 동반매도요구권 등과 충돌할 수 있어 확인이 필수다.

4) 경제적 이익 귀속 기준을 명확히 하여 배당과 이익이 누구에게 귀속되는지 기재해야 세무상 문제가 없다.

5) 사후 지분 이전 요건의 구체성 확보이다. 해당 조건이 모호

하면 분쟁 가능성이 높아진다. 기업마다 처한 상황은 다르기 때문에 이러한 부분의 확인을 소홀히 하면 신탁 설정 후에도 절차가 늦어질 수 있다. 따라서 실제 현장에서는 이 확인 과정을 가장 먼저 진행한다.

신탁이 남기는 것

비상장주식 신탁은 지분을 보관하기 위한 제도가 아니다. 지분이 누구에게, 언제, 어떤 기준으로 이동해야 하는지를 대표가 생전에 명확히 정해 두는 절차다. 대표는 직접 보유 지분을 통해 의결권을 유지하고, 신탁된 지분은 사후에만 이동해 절차 지연이나 지분 공백을 줄인다. 가업승계의 핵심은 지분 이동의 기준을 생전에 세워 두는 것이다. 기준이 분명하면 지분은 예측 가능한 방식으로 다음 세대에 이어진다.

Q&A로 정리하기

Q1. 비상장주식을 신탁하면 지분은 어떻게 관리되나요?

비상장주식이 신탁으로 들어가면 명의는 수탁자에게 이전됩니다. 다만 사후 지분을 누구에게 어떤 비율로 이전할지는 생전에 계약으로 확정할 수 있어 절차 지연을 줄일 수 있습니다.

Q2. 비상장주식을 신탁하려면 회사 승인이 필요한가요?

대부분의 비상장회사는 정관에서 주식 양도 시 이사회 또는 주주총회 승인을 요구합니다. 신탁 편입 시에도 동일하게 적용되므로 정관과 주주 간 계약을 함께 확인해야 합니다.

Q3. 신탁을 하면 가업승계 절차가 더 명확해지나요?

그렇습니다. 지분 이전 시점과 비율을 생전에 확정할 수 있어 사후 상속인 간 협의로 절차가 늦어질 가능성이 줄어듭니다.

Q4. 신탁 설정이 가업상속공제에 직접적인 이점을 주나요?

직접적인 혜택이 생기는 것은 아닙니다. 다만 지분 구조가 정리되면 가업상속공제 요건 검토와 준비 과정이 보다 명확해질 수 있습니다.

Q&A로 정리하기

Q5. 신탁된 지분의 의결권은 어떻게 되나요?

신탁재산의 의결권은 법적으로 수탁자에게 귀속됩니다. 자본시장법 시행령 제84조의7은 금융투자업자 등이 한 회사의 발행주식총수 기준 15%를 초과하는 범위에서는 의결권을 행사할 수 없도록 규정하고 있습니다. 이 제한은 이해상충 방지를 위한 규정으로, 개별 신탁 구조와 계약 내용에 따라 실제 의결권 행사 방식은 달라질 수 있습니다. 실무에서는 신탁 지분을 사후 지분 이전을 위한 절차 장치로 활용하는 경우가 많습니다.

3장

가족을 지키는 돌봄신탁

마음이 닿을 수 있도록

누구나 나이가 들면 판단과 움직임이 예전 같지 않을 수 있다. 예기치 않은 사고나 질병으로 계획이 흔들릴 수도 있다. 어떤 가족은 장애를 가진 자녀와 평생을 함께 살아갈 준비를 해야 하고, 어떤 집은 부모 한 명이 모든 양육과 생계를 감당하고 있다. 상황은 다르지만 공통점이 있다. 누구든 자신의 힘만으로 결정을 이어가기 어려운 시기가 올 수 있다는 것이다. 그 시기에는 생활비, 의료비, 교육비처럼 꼭 필요한 비용을 누가, 언제, 어떤 기준으로 사용할지가 중요해진다. 하지만 실제 현장에서는 이 부분이 가장 큰 혼란을 만든다. 치매가 진행되는 시점, 장애인 가족의 보호자가 고령화되는 시점, 한부모 가정에서 갑작스러운 보호자의 부재가 생기는 시점. 이런 때는 여러 기관의 절차와 가족의 역할이 겹치면서 어떤 비용을 먼저 써야 하는지, 누가 대신 결정을 해야 하는지 명확하지 않을 때가 많다. 그래서 요즘 많은 이들이 '필요한 사람이, 필요한 시기에, 안전하게 사용할 수 있는 구조'를 미리 만들어두려 한다. 신탁은 이런 상황에 맞게 설계할 수 있는 제도다. 재산을 어떤 기준으로 사용할지, 어떤 상황에서 어떤 비용이 지급될지, 그 결정을 누가 대신 확인하고 청구할지를 평소 본인의 의사에 따라 기록해둘 수 있다. 이 장에서는 치매, 장애, 미성년·한부모 가정이라는 서로 다른 상황에서 어떤 위험이 실제로 발생하는지, 그리고 그 위험을 신탁이 어떻게 완화할 수 있는지를 살펴본다. 각 상황마다 신탁 설계의 내용은 다르다. 하지만 그 안에 담긴, 가족을 향한 마음 만큼은 언제나 같다.

치매를 대비하는 신탁

고령화는 우리 사회의 일상이 되었다. 보건복지부와 중앙치매센터가 2023년에 조사하고 2025년 3월 공표한 자료에 따르면, 65세 이상 노인 중 약 97만 명이 치매 환자로 추정된다. 숫자로만 보면 멀게 느껴질 수 있지만, 비율로 보면 65세 이상 열 명 중 한 명꼴이다. 치매 이전 단계인 경도인지장애(MCI)는 그보다 흔하다. 2025년 기준 약 298만 명. 65세 이상 노인의 약 28%가 기억력 저하나 판단력 감소를 경험하고 있다는 뜻이다.

치매는 환자 개인에게만 머물지 않는다. 판단이 흔들리는 시기가 오면 가족이 생활과 치료 방향을 함께 조율해야 하는 상황이 자연스럽게 따라온다. 2023년 조사에서는 치매 환자를 돌보는 가족의 45.8%가 돌봄에 부담을 느꼈다. 경제적 부담이 가장 큰 어려움으로 꼽혔다. 특히 돌봄과 일상, 직장 생활을 동시에 유지하기 어려워 돌봄을 줄이거나 중단한 가족이 27.2%에 이르렀다. 이런 현실은 한 가지를 분명히 보여준다. 판단이 불안정해질 수 있는 시기에 생활비, 의료비, 간병비를 어떤 기준으로 사용할지를 미리 정해두는 일이 왜 중요한지를.

잊히기 전에 적어둔 마음

올해 여든다섯인 B씨는 요즘 들어 같은 말을 반복하는 날이 많았다. 아침에 챙겨둔 약을 점심에 다시 챙기고, 방금 둔 물건이 어디 있는지 떠올리지 못해 몇 번이나 집 안을 둘러보기도 했다. 병원에서는 아직 치매 진단이 필요한 단계는 아니라고 했다. 하지만 의사는 조언했다. "나이가 들면 인지 기능이 들쑥날쑥한 날이 생길 수 있으니 중요한 일이나 필요 사항을 기록해두는 습관이 도움이 됩니다."

B씨가 걱정한 것은 병명이 아니었다. 몸과 판단이 예전 같지 않은 시기가 오면 생활비, 치료비, 간병비를 어떤 기준으로 사용

할지, 그리고 그 결정이 자녀들에게 부담으로 전가되지 않을지가 마음에 걸렸다. 자녀들은 모두 직장을 다니고 있었다. 돌봄과 비용 문제까지 함께 감당하게 하고 싶지 않았다.

그래서 B씨는 치매를 대비한 신탁을 설정했다. 생활비는 당장 지급되는 방식이 아니었다. 의사가 일상 기능이 어렵다고 판단하거나 요양 등급이 판정되는 시점부터 지급되도록 기준을 정했다. 의료비와 간병비는 몸이 불편한 시기에 사용될 가능성이 높다. 증빙이 제출되면 신탁 계좌에서 바로 지급되도록 조건을 마련했다. 또 B씨가 직접 은행 업무를 처리하기 어려운 상황을 대비했다. 신탁 계약의 대리인 또는 법정 후견인이 대신 비용 지급을 청구할 수 있도록 구조를 만들었다.

B씨는 보유한 소형 아파트에 대해서도 준비했다. 치매가 진행되면 매각 시점을 스스로 판단하기 어렵기 때문에 전문의가 '상시 돌봄이 필요하다'고 판단하는 시점이 오면 수탁자가 아파트를 처분하고 그 대금을 신탁 계좌에 편입하도록 기준을 정했다. 요양 시설 입소가 필요해질 경우도 고려했다. 그 비용을 자녀들에게 갑작스럽게 떠넘기지 않도록 입소비와 간병비는 기존 생활비와 별도로 추가 월 단위로 지급되도록 조건을 명시했다.

부동산은 신탁 설정 단계에서 이미 수탁자 명의로 이전된다. 따라서 B씨가 직접 서명할 수 없는 상태가 되어도 절차가 지연되지 않는다. 이런 준비를 마친 뒤, B씨는 마음이 한결 편안해졌다. 앞으로 어떤 선택이 필요해지더라도 그 결정으로 인한 부담이 자녀들에게 맡겨지지 않을 것이라는 생각 때문이었다. B씨는 이렇게 말했다.

"잊지 않기 위해 기록하듯, 앞으로를 위해 제 뜻을 남겨두는 게 가장 확실한 노후 준비라고 느꼈습니다."

B씨에게 신탁은 재산을 굴리는 기술이 아니었다. 자신의 기억은 희미해질 수 있어도, 가족에게는 오히려 더 선명하게 기억되기 위한 준비에 가까웠다.

평생의 돌봄이 끊기지 않도록, 장애인전용신탁

장애를 가진 자녀와 함께 살아가는 부모들은 누구보다 일찍 미래를 걱정한다. 치료 일정과 지원 서비스, 예기치 않은 의료비와 돌봄의 빈틈까지. 하루가 무사히 지나가는 것처럼 보여도, 그 고요함 속에는 늘 같은 질문이 숨어 있다.

"내가 없으면 이 아이는 어떻게 살아갈까?"

이 걱정은 단순한 불안이 아니다. 여러 조사들은 장애 자녀를 둔 가정이 감당하는 현실을 또렷하게 보여준다. 비장애인 가구보다 월평균 의료비 부담은 두 배가 넘고, 재활, 치료, 교육에 드는 추가 비용은 해마다 500만 원에서 1,000만 원 가까이 이어진다. 정규직을 유지하기 어렵다고 답한 보호자가 40%가 넘는 이유도 여기에 있다.

시간의 제약과 경제적 부담, 예기치 않은 돌봄 공백은 한 가정의 일상을 빠르게 무너뜨릴 수 있다. 그래서 장애가 있는 가족에게 필요한 준비는 단순히 재산을 나누는 일이 아니다. 평생 머물 수 있는 공간, 반복적으로 발생하는 치료비와 간병비, 그리고 그 비용을 누가 대신 청구하고 관리할 수 있는지까지 하나의 틀로 정리되어 있어야 한다. 신탁은 그 틀을 생전에 미리 만들어두는 방식이다. 보호자의 몸이 약해지고, 언젠가 먼저 자리를 떠나더라도 장애를 가진 가족의 일상이 갑자기 흔들리지 않도록 약속을 구조로 남기는 일이다.

올해 예순아홉인 K씨는 지적 장애가 있는 서른 살 아들과 함께 산다. 아들은 일상 대부분에서 도움이 필요했고, 재활 치료와 활동 지원 서비스로 한 주가 채워졌다. K씨는 해마다 건강이 약해지는 걸 느끼면서 같은 걱정을 되풀이했다. '이 아이보다 내가 먼저 자리를 비우면 어떡하지?'

이 고민은 아들이 오랫동안 살아온 작은 빌라에서 시작되었다. 시가 4억 원대의 소중한 보금자리였다. 이 공간이 지켜지는 것만으로도 아들의 일상은 크게 흔들리지 않을 것 같았다. 마침 장애인 부모회 세미나와 지인의 조언을 통해 장애인 전용 신탁 제도를 알게 되었고, 집을 기반으로 아들의 미래를 준비하는 방안을 구체적으로 살펴보게 되었다.

장애인 선용 신탁의 첫 단계는 분명하다. 법에서 정한 장애인이라면 평생 5억 원까지는 증여세 부담 없이 재산을 증여하여 신탁할 수 있다. K씨는 이 한도 안에서 빌라 4억 원과 여유 자금 일부를 증여를 통해 신탁했다. 이 선택만으로도 아들에게 남겨 줄 기반을 세금 걱정 없이 정리할 수 있었다. 하지만 신탁의 의미는 여기서 끝나지 않는다. 아이가 살아갈 시간 동안 그 재산을 어떻게 사용할 수 있도록 해두었는지가 더 본질적인 문제다. 원칙적으로 신탁 재산을 꺼내 쓰게 되면 꺼내 쓴 만큼의 증여세가 부과될 수 있다.

그러나 2018년 이후 마련된 중증 장애인 예외 규정 덕분에, 의료비, 간병비, 특수 교육비처럼 꼭 필요한 비용은 신탁 원본이 줄어들어도 증여세를 부과하지 않도록 제도가 정비되었다. 2021년에는 여기에 더해, 중증 장애인의 경우 월 150만 원 이내의 생활비까지 비과세로 지급할 수 있도록 범위가 넓어졌다. 즉, 5억 비과세는 장애인 전용 신탁 요건을 충족한 장애인이라면 누구나 가능하지만, 신탁 재산을 사용하면서도 세제 혜택을 유지할 수 있는 범위는 대통령령으로 정한 중증 장애인 등에 한정된다.

이 구조를 이해한 뒤, K씨는 증여를 통해 신탁한 빌라와 여유 자금에 대해 아들이 평생 거주할 권리를 갖도록 설정했다. 아들이 직접 계약 내용을 판단하기는 어렵기 때문에, 가정 법원을 통해 믿을 수 있는 친척을 법정 후견인으로 선임하였다. 후견인은 신탁 안에서 아들을 대신해 필요한 결정을 맡는다. 이제 아들 앞으로 비용이 발생할 때면, 의료비, 재활 치료비, 간병비는 증빙 자료를 통해 해당 금액만큼 지급할 수 있고, 생활비는 법에서 정해둔 월 150만 원 한도 이내에서 안정적으로 지급받을 수 있다.

여기에 K씨는 본인의 생명 보험 계약도 신탁에 편입했다. 사망 보험금이 신탁으로 들어오면, 아들의 종신 시까지 매달 일정 금액을 지급받도록 구성해 두었다. K씨가 먼저 세상을 떠나더라도 생활 기반이 끊기지 않도록 하기 위한 장치였다.

그리고 아들에게 요양 시설 입소가 필요한 때가 오면, 후견인의 동의를 받아 신탁 재산인 빌라를 매각하고 그 매각 대금이 그대로 신탁 안에서 관리되도록 했다. 이 경우 신탁 재산의 형태만 바뀔 뿐, 계약은 그대로 유지된다. 이후에는 이 재원을 아들의 돌봄과 주거 비용을 위한 재원으로 사용할 수 있도록 약정해 두었다.

얼마 전, K씨는 건강 문제로 며칠간 입원한 적이 있었다. 예전 같았으면 그 기간 동안 아들의 생활은 한순간에 흔들렸을 것이지만 이번에는 달랐다. 후견인이 신탁에서 정해둔 기준에 따라 필요한 비용을 대신 신청했고, 아들은 평소와 다르지 않은 하루를 보냈다.

K씨는 그때를 떠올리며 조용히 말했다.

"언젠가 내가 아이 곁에 없더라도, 평생 지켜주겠다는 약속을 지킬 수 있게 되었습니다."

K씨에게 신탁은 단순한 금융 상품이 아니었다. 부모의 부재 속에서도 자녀가 존재할 수 있게, 불평등과 사회적 제약 속에서도 흔들리지 않도록 걸어갈 길을 남겨주는 약속이었다.

미성년 자녀를 위한 보험금청구권신탁

미성년 자녀를 둔 부모가 아이 얼굴을 떠올릴 때 가장 먼저 드는 마음은 단순하다. '항상 밝고 건강하게 자랐으면 좋겠다'. 아이가 아직 어릴 때는 부모의 존재가 단순한 보호자를 넘어 아이에게 보이는 세상의 전부가 된다. 하루를 어떻게 보내야 하는지, 어떤 위험을 어떻게 피해야 하는지도 부모의 손길과 시선 안에서 배워 나가는 시기다.

그래서 이때 부모가 질병이나 사고로 자리를 비우게 되면 그 여파는 아이에게 훨씬 크게 다가온다. 세상이 한순간에 무너지는 경험과 함께, 남은 가족 간의 양육 문제뿐 아니라 더 현실적인 부담이 아이의 숨결을 따라 깊은 곳까지 스며든다. 바로 생활을 지탱하던 비용의 공백이다.

부모의 부재와 동시에 생활비나 교육비처럼 매일의 삶을 유지하던 부분이 비어 버리면, 그로 인해 생기는 혼란과 친족 간 갈등은 어린아이에게 감정적 상실보다 더 길게 그림자를 남기곤 한다. 특히 혼자 아이를 키우는 한부모 가정에서는 이 걱정을 더 일찍, 더 깊이 떠올리게 된다. 한 사람이 생계와 양육을 함께 책임지는 구조에서는 그 한 사람에게 생기는 변화가 아이의 미래 전체를 좌우할 수 있기 때문이다.

하늘에서도 이어지는 엄마의 약속

H씨는 서른아홉 살에 남편을 갑작스럽게 잃었다. 그때부터 일곱 살 딸과 둘만 남은 삶을 어떻게 이어가야 할지, 그리고 자신에게마저 예기치 않은 일이 생긴다면 아이가 어떤 상황에 놓

이게 될지 마음 한쪽은 늘 무겁게 가라앉아 있었다. 육아와 살림, 직장생활을 함께 감당하는 일은 힘들어도 어떻게든 버텨낼 수 있었다. 살아 있는 동안의 어려움은 늘 그렇듯 몸으로라도 감당할 수 있었다. 하지만 자신이 곁에 없게 될 순간을 떠올리자, 남편을 잃었던 그때의 느낌이 다시 가슴을 내려앉게 했다.

그 순간 가장 먼저 떠오른 것은 아이를 낳으며 준비해 두었던 자신의 사망보험금이었다. 그 재원은 단순한 돈이 아니라, 부모의 손길이 닿지 않는 자리에서도 아이가 일상을 이어갈 수 있게 붙잡아 주는 마지막 장치처럼 느껴졌다. 그 마음으로 보험 구조를 하나씩 살펴보니 보험금을 그저 남겨 두는 것만으로는 충분하지 않다는 사실을 알게 되었다.

수익자가 미성년자이면 보험금 청구와 관리는 모두 다른 사람의 손에서 시작되고, 부모가 모두 없는 본인의 상황에서는 누가 후견인이 될지도 정해져 있지 않았다. 왕래가 거의 없는 친족이 후견인이 될 가능성도 완전히 배제할 수 없었고, 그때 보험금이 아이의 성장 과정에 맞게 쓰일지 장담하기 어려웠다. 그래서 H 씨는 한동안 수익자를 자신의 어머니로 지정해 두었다. 믿을 수 있는 분이었지만, 연세가 많은 만큼 절차를 감당하기 어렵고 어머니가 먼저 세상을 떠날 수도 있다는 점 역시 마음에 남았다. 이 고민은 쉽게 해소되지 않았다. 보험금을 누구에게 맡기느냐는 단순한 행정 절차의 문제가 아니라 딸의 삶을 지탱할 손을 누구에게 건네는가에 대한 문제였기 때문이다.

그러던 중 H씨는 2024년 11월, 자본시장법 시행령 개정으로 사망보험금청구권신탁이 가능해졌다는 사실를 알게 되었다. 이 방식은 그동안 풀리지 않던 고민을 단번에 정리했다. 보험금은 누구의 계좌도 거치지 않고 H씨 사망 시 곧바로 딸 이름으로 준비된 신탁계좌로 들어간다. 그리고 생전에 정해 둔 기준에 따라 딸의 생활비·교육비·의료비는 정기적으로 지급되도록 구성할 수 있었다. 또 대학 입학금이나 특정 시점에 남겨 두고 싶은 축하금처럼 아이의 성장 단계에 맞춰 필요한 시기에 필요한 만큼 쓸 수 있도록 세밀하게 지정해 두는 것도 가능했다.

무엇보다 중요한 것은, 아이(미성년자)일 때는 누구도 임의로 손댈 수 없게 하고 성년이 된 이후에도 부모가 정한 기준대로만 지급되도록 변경·해지가 불가능한 구조를 선택했다는 점이었다.

부모가 없는 이후에도 누구의 판단이 아니라 부모가 남긴 약속 그대로 지원이 이어지도록 한 것이다. H씨가 바랐던 것은 거창한 유산이 아니었다. 부모가 살아 있을 때처럼 아이의 성장 과정마다 필요한 것을 정해진 시기에 건네줄 수 있는 구조 하나였다. 보험금청구권신탁은 부모의마음을 가장 단단하고 현실적인 형태로 남겨 주는 선택지가 되었다.

4장

반려동물신탁

혼자 지내는 사람에게 반려동물은 흔히 말하는 '애완동물'의 자리를 넘어선다. 아침을 깨우는 작은 움직임이 되고, 문을 열었을 때 가장 먼저 다가오는 존재가 되며, 말없이 옆에 있어 주는 것만으로도 하루를 밝게 만들어 주는 존재다. 퇴근해 집 앞에 도착해 도어록을 누르면, 안쪽에서 작은 발소리가 분주하게 달려오는 순간이 있다. 그 소리만으로도 집 안의 공기가 환해지는 느낌이 든다. 많은 1인 가구가 반려동물을 두고 "생활의 온도가 달라진다."고 말하는 이유도 아마 이런 데 있을 것이다.

이런 변화는 통계에서도 확인된다. 통계청이 발표한 최근 조사에 따르면 우리나라 1인 가구는 이미 전체의 3분의 1을 넘어섰고, 그 안에서 반려동물을 키우는 가구는 해마다 꾸준히 늘고 있다.

집 안에 함께하는 가족이 없기 때문에, 하루의 빈자리를 가장 먼저 채워 주는 것도 결국 이 작은 생명들이다. 하지만 이런 따뜻한 일상은 한순간에 흔들릴 수 있다. 혼자 사는 사람이 병으로 쓰러지거나 장기간 입원하게 되면, 혹은 갑작스러운 사고로 세상을 떠나게 되면, 그동안 자연스럽게 이어져 온 돌봄을 계속해 줄 사람을 찾기는 쉽지 않다. 가족이 없어서라기보다, 반려동물을 곧바로 맞아들일 시간적·경제적 여유가 주변 사람들에게 없는 경우가 대부분이다.

그래서 일상의 작은 균열이 반려동물에게는 곧 삶의 불안정으로 이어질 수 있다. 실제로 전국 지자체 보호소에는 매년 약 10만 마리의 유기동물이 들어온다. 농림축산검역본부 자료에 따르면 이 숫자는 크고 작은 등락은 있어도 꾸준히 반복되고 있다. 세부 사유별 통계는 공개되지 않지만, 동물보호단체의 현장 보고서는 보호자의 질병, 장기 입원, 고령, 사망이 반려동물이 더 이상 보호받지 못하는 대표적 이유로 반복해서 등장한다고 전한다. 이런 배경 탓에, 고령의 고객이나 혼자 사는 고객과 이야기를 나누다 보면 자연스럽게 이와 같은 고민이 흘러나온다. 반려동물은 법적으로는 민법상 '물건'에 속하지만, 보호자에게는 삶을 함께 나누는 가족에 더 가깝다. 그래서 많은 이들이 생전에 준비를 고민한다.

나를 지켜준 시간만큼

L씨는 예순을 넘기며 자신의 생활이 예전과 조금씩 달라지고 있음을 느꼈다. 병원 진료를 잡아 두는 날도 늘었다. 혼자 지내는 시간이 길어질수록, 몸이 갑자기 불편해지면 누구에게 도움을 청해야 할지 문득문득 고민도 이어졌다.

집 안에서는 몽이가 늘 옆자리를 지키고 있었다. 언제나처럼 문 앞까지 달려와 반겨 주었지만, 그 모습을 바라보는 마음속에는 한 가지 걱정이 떠올랐다. '내가 없다면 이 아이는 어떻게 될까?' 누구나 나이가 들수록 병원에 들르는 일은 잦아지고, 입원이나 회복이 길어질 가능성도 현실이 된다. 특히 혼자 사는 사람에게 이 문제는 곧 반려동물의 돌봄 공백으로 이어질 수 있다. L씨가 생전 준비를 생각하게 된 이유도 바로 여기에 있었다.

L씨는 결국 몽이를 위한 신탁계약을 마련했다. 먼저, 평소 몽이를 살뜰히 챙겨 주던 대학생 조카를 보호자이자 수익자로 지정하고, 몽이가 좋아하는 간식, 알레르기가 있는 음식, 과거 병력까지 문서로 자세히 남겨 두었다. 또한 매월 일정 금액이 조카에게 지급되도록 해 몽이의 사료·간식·미용 등 기본적인 돌봄

비가 부족하지 않도록 했고, 진료가 필요한 경우에는 동물병원의 영수증을 제출하면 신탁 계좌에서 병원으로 직접 비용이 지급되도록 설정했다.

단순한 구조였지만, L씨는 혹시 자신에게 갑작스러운 일이 생기더라도 몽이가 거리로 내몰리거나 보호 체계 밖으로 밀려나는 일 없이 일상을 이어갈 수 있으리라는 안도감을 얻었다.

해외에서는 어떨까?

미국, 영국 등 일부 국가에서는 반려동물을 위한 신탁이 이미 제도권 안에 자리 잡고 있다. 미국의 경우 대부분의 주에서는 반려동물신탁(Pet Trust)이 법률로 인정돼 있으며, 반려동물이 살아 있는 동안 필요한 돌봄과 비용을 어떻게 관리할지 주(州) 단위에서 명확한 기준을 두고 있다.

특히 독립된 감시인(enforcer)을 두어 신탁재산이 실제로 반려동물을 위해 사용되는지 확인하고, 보호자가 돌봄을 제대로 이행하지 못하면 감시인이 보호자 교체를 요구할 수 있도록 돼 있다. 다만 감시인(enforcer)은 의무적으로 두는 제도라기보다는, 위탁자가 지정하거나 필요할 경우 법원이 선임할 수 있는 구조에 가깝다.

영국은 미국처럼 반려동물신탁이 전면적으로 제도화된 구조는 아니다. 원칙적으로는 비자선 목적신탁이 제한되는 체계 안에서, 반려동물의 부양과 돌봄을 위한 예외적·대안적 설계가 활용되는 방식으로 볼 수 있다.

이처럼 해외에서는 돌봄·비용·감독이 제도 안에서 조화롭게 움직이는 반면, 한국은 아직 반려동물을 위한 독립된 신탁 법제가 없다. 반려동물 신탁을 설계하려면 기존의 유언대용신탁이나 일반 재산신탁의 틀 안에서 보호자 지정과 비용 지급 방식을 개별적으로 설계해야 한다. 감시인을 두는 장치도 없기 때문에 보호자와 수탁자의 역할을 계약 안에서 세밀하게 정해 두는 것이 현재로서는 가장 현실적인 대비다. 그래서 L씨가 만든 계약은 지금의 제도 안에서 몽이가 삶의 자리를 갑자기 잃지 않도록 할 수 있는 가장 안정적인 준비라 할 수 있다.

Q&A로 정리하기

Q1. 동물이 수익자가 될 수 없다는데, 국내법상 반려동물 신탁은 어떻게 설계하나요?

우리나라에서는 동물이 권리주체가 아니라서 수익자로 지정할 수는 없습니다. 그래서 사람(또는 단체)을 수익자로 두고, 그 재산을 반려동물의 치료·돌봄·사료비 등에만 쓰도록 용도를 제한하는 방식으로 설계합니다. 국내 신탁법이 이런 목적·용도 설정을 허용하고 있어, 실무에서도 이 구조로 펫신탁이 운용되고 있습니다.

Q2. 강아지만 가능한가요? 동물보호법상 기준이 있어서 헷갈립니다.

신탁법 자체는 종을 제한하지 않아, 강아지·고양이 등 어떤 반려동물도 구조 설계는 가능합니다. 다만 「동물보호법」·시행령은 등록 대상 동물을 '월령 2개월 이상인 개(犬)'로 규정하고 있고, 여기에 2026년부터는 일부 생산업장의 개(12개월 이상)가 추가될 예정입니다. 그래서 국내 상품은 주로 '등록 대상 개'를 중심으로 나왔고, 다른 동물은 신탁사 약관과 내부 기준에 따라 별도 검토하는 구조라고 이해하면 안전합니다.

Q3. 병원비·돌봄비를 신탁으로 정해 두어도, 지정한 사람이 엉뚱하게 쓰면 어쩌죠?

신탁에서는 지급 방식과 용도를 계약으로 일부 제한할 수 있습니다. 예를 들어, 진료 확인서·영수증 제출 시 수탁자가 동물병원 계좌로 직접 송금하고, 생활·돌봄 비는 지정 보호자가 월 ○○만 원 한도 내에서 청구하도록 정하는 식입니다. 이 구조는 이미 치매·장애인 신탁 등에서 운용되

Q&A로 정리하기

는 방식이라, 반려동물 신탁에서도 같은 틀로 설계하는 것이 일반적입니다.

Q4. 반려동물이 먼저 죽으면 남은 신탁 재산은 어디로 가게 설계하나요?

위탁자가 신탁 계약에서 "잔여재산 귀속자"를 미리 정해 두는 구조로 설계합니다. 가족에게 돌려주거나, 다른 반려동물 돌봄 재원으로 쓰게 하거나, 동물보호 관련 공익법인·공익신탁에 기부하도록 정할 수도 있습니다.

Q5. 우리나라에는 반려동물 신탁 전담 감시인이 없다고 하던데, 그럼 실제 통제가 가능한가요?

현행법에는 반려동물 신탁 전용 감시인 제도가 없어 완전한 통제에는 한계가 있습니다.

다만 신탁 계약을 통해 제3자에게 확인 역할을 부여하고, 지급 기준을 증빙 중심으로 설계함으로써 남용 위험을 상당 부분 줄이는 것은 가능합니다.

즉, 법정 감시인은 없지만 계약 기반의 모니터링 장치를 통해 현실적인 관리 수준까지는 대비할 수 있습니다.

5장

기부신탁과 공익신탁

국세청 기부금 신고 자료를 기준으로 보면, 국내에서 신고되는 기부금 규모는 최근 수년간 연간 약 15조 원 내외 수준으로 집계된다. 이는 세제 혜택을 받기 위해 신고된 기부금을 기준으로 한 수치로, 신고 대상이 아닌 소액 기부나 비정형적 기부까지 포함하면 실제 기부 규모는 이보다 더 클 가능성도 있다.

더 이상 기부는 우리 사회에서 낯선 선택이 아니다. 다만 상속이나 사후 재산 정리의 맥락으로 들어가면, 기부 의사는 있어도 그 재산이 누구의 판단으로, 어떤 절차를 거쳐 집행될지까지 미리 정리되는 경우는 많지 않다.

그래서 기부를 염두에 둔 일부 사람들은 상속을 준비하는 과정에서 재산을 어떻게 정리할지 고민하다가 기부를 하나의 선택지로 함께 검토한다. 이때는 기부의 의미와 더불어, 그 결정이 상속세나 증여세 계산에 어떻게 반영되는지도 자연스럽게 살피게 된다. 이 장에서는 신탁을 활용한 기부를 기부신탁과 공익신탁으로 나누어 살펴본다.

1) 기부신탁

공익법인에 귀속되도록 설계하는 방식 기부신탁은 법률에 명확히 정의된 용어라기보다는 국내에서 널리 사용되는 표현이다. 일반적으로는 신탁의 수익자 또는 최종 귀속처를 공익법인·사회복지법인·재단 등으로 정하는 구조를 말한다. 여기서 말하는 공익법인은 영리를 목적으로 하는 회사와 달리, 복지·교육·장학·문화·장애인·노인 지원과 같은 공익사업을 수행하기 위해 설립된 법인이다. 상속세법은 이러한 공익법인등을 일반 법인과 구분하여 세법상 별도의 기준을 적용하고 있다.

기부신탁은 보통 사망과 동시에 재산이 공익법인에 귀속되도록 하거나, 사망 후 일정 기간 동안 1차 사후 수익자에게 지급한 뒤 그 수익자가 사망하면 잔여 재산이 공익법인에 귀속되도록 정하는 방식으로 설계된다.

예를 들어 장애가 있는 자녀를 둔 사람이 자녀가 살아 있는 동안에는 생활비와 치료비를 지급하고, 자녀 사망 이후 남는 재산은 장애인 지원을 목적으로 하는 공익법인에 귀속되도록 설계하는 경우가 이에 해당한다. 이 구조는 가족에 대한 보호와 기부를 하나의 계약 안에서 함께 정리하는 방식이다. 기부신탁을 선택하는 이유는 하나로 정해져 있지 않다. 누군가는 순수하게 나눔의 뜻에서 기부를 고민하고, 누군가는 상속을 준비하는 과정에서 기부의 의미와 더불어 세제 혜택의 적용도 함께 고려하여 선택한다.

상속세 및 증여세법 제16조는, 상속재산 중 공익법인등에 출연된 재산으로서 법에서 정한 요건을 충족하는 경우 그 가액을 상속세 과세가액에 산입하지 않도록 규정하고 있다. 세법은 기부를 결심하게 된 이유를 따로 묻지 않는다. 대신 그 재산이 언제, 어떤 방식으로 공익법인에 귀속되었는지를 기준으로 판단한다. 그래서 기부신탁은 기부의 뜻을 살리면서, 재산의 귀속이 세법 기준에 맞게 이루어지도록 하는 선택이 된다.

2) 공익신탁

공익신탁은 기부신탁과 접근 방식이 다르다. 공익신탁은 공익사업을 목적으로 하는 신탁으로서 법무부장관의 인가를 받은 신탁을 말한다. 즉, 공익법인에 재산을 기부한다고 해서 그 자체가 공익신탁이 되는 것은 아니다. 공익신탁은 신탁 계약 자체가 공익사업을 목적으로 하고, 그 과정에서 인가를 받아 운영되는 구조다.

이 때문에 공익신탁에는 공시와 관리에 관한 규율이 함께 따른다. 공익신탁은 법무부 공익신탁 공시시스템을 통해 공개되며, 공익 목적에 맞게 운영되고 있는지를 확인하는 관리·점검 체계가 전제된다. 이는 공익사업이라는 성격에 맞게 투명성과 신뢰성을 확보하기 위한 장치라고 볼 수 있다.

공시된 사례를 보면, 장애인 취업 지원, 저소득 청소년의 학교생활 지원, 범죄 피해자 지원, 문화예술 지원 등을 목적으로 한 공익신탁이 수십 건 정도 있음을 확인할 수 있다. 이는 공익신탁이 널리 활용되는 제도라고 보기는 어렵지만, 국내 제도 안에서 특정 공익 목적에 따라 실제로 설정되어 공시되고 있다는 점을 보여준다.

기부신탁과 공익신탁은 재산을 다루는 방식도, 작동하는 구조도 서로 다르다. 다만 두 선택의 출발점은 같다. 그 도움이 절실히 필요한 사람들에게 제대로 닿기를 바라는 마음이다. 기부신탁과 공익신탁은 같은 마음을 서로 다른 방식으로 이어 가는 방법이라고 할 수 있다.

Q1. 기부를 통한 세제 혜택 요건은 생전과 사후에 따라 다른가요?

네, 다릅니다. 생전 기부는 상속세가 아니라 소득세 영역에서 판단되며, 연말정산이나 종합소득세 신고 시 기부금 공제 또는 세액공제가 적용됩니다. 이때는 기부 대상 단체의 요건, 재산의 실제 귀속 여부, 기부금 영수증 등 증빙 서류가 중요합니다. 반면 사후 기부는 상속세 계산 과정에서 판단됩니다. 이 경우에는 기부 대상이 상속세 및 증여 세법상 공익법인등에 해당하는지, 출연이 상속세 신고기한 내에 완료되었는지가 핵심 기준이 됩니다.

Q2. 공익신탁은 법무부 인가를 받으니 세제 혜택도 자동으로 인정되나요?

그렇지는 않습니다. 공익신탁은 법무부 장관의 인가를 받아 설정되는 제도이지만, 상속세나 증여세 판단은 별도로 상속세 및 증여세법 기준에 따라 이루어집니다. 즉, 인가 여부와 세제 혜택 여부는 서로 다른 기준에서 판단됩니다.

Q3. 공익법인에 출연한 재산이 나중에 다시 과세될 수도 있나요?

그럴 수 있습니다. 세법은 공익법인등에 출연된 재산에 대해 혜택을 인정하는 대신, 그 재산이 공익 목적에 맞게 사용·관리되는지도 사후에 확인합니다. 출연 이후 운용이 법에서 정한 기준을 벗어나면 상속세나 증여세가 다시 부과될 수 있습니다.

Q4. 세법에서 말하는 '공익법인'은 어떤 단체를 의미하나요?

상속세 및 증여세법과 시행령이 정한 요건을 충족해 세법상 공익법인으로 분류되는 법인이나 단체를 말합니다. 예를 들어 학교법인, 사회복지법인, 의료법인처럼 법령에 근거해 설립되고, 재산의 사용·운영·공시에 대해 세법상 관리 규율을 받는 단체가 여기에 해당합니다. 따라서 기부 대상이 세법상 공익법인등에 해당하는지는 반드시 별도로 확인해야 합니다.

공익신탁은 법무부 인가와 공시, 관리 절차가 전제되는 제도입니다. 그래서 일정한 규모의 재산으로 장기간 공익사업을 지속하려는 경우에 주로 검토됩니다. 따라서 개인의 기부 의사를 모두 담기보다는, 특정 공익 목적을 제도 안에서 안정적으로 이어가고자 할 때 적합한 선택입니다.

5부

신탁이 남긴 질문

1장

해외 신탁의
과거와 현재

신탁은 어디에서 시작되었을까

신탁은 비교적 최근에 등장한 세련된 제도처럼 보이지만, 실제로는 꽤 오래된 제도다. 그 기원은 보통 중세 영국, 12~13세기 무렵으로 거슬러 올라간다. 이 시점은 어떤 법률이 특정 연도에 제정되었다는 뜻이 아니다. 오늘날 우리가 신탁이라 부르는 구조와 닮은 관행이 사회 속에서 점차 자리를 잡기 시작한 시기를 가리킨다.

당시 중세 영국에서 토지는 단순한 재산이 아니었다. 토지를 소유하면 봉건적 의무와 법적 제약이 뒤따랐고, 상속 또한 지금처럼 자유롭게 이루어지지 않았다. 이런 환경에서 사람들은 현실적인 질문 앞에 섰다. 내가 자리를 비우거나 더 이상 판단할 수 없게 되면, 이 재산은 누가 관리하고 어떤 기준으로 판단해야 하는가. 그에 대한 실용적인 해답으로 등장한 방식이 있었다.

재산의 명의는 신뢰할 수 있는 사람에게 맡기되, 실제 이익은 가족이나 특정인을 위해 사용하도록 하는 구조였다. 이 관행은 훗날 '유즈(use)'라 불렸고, 오늘날 신탁의 직접적인 전신으로 평가된다. 처음부터 법이 정한 제도는 아니었다. 다만 이러한 관계가 반복되면서, 단순한 약속만으로는 맡긴 사람의 의사가 충분히 보호되지 않는다는 한계가 드러났다.

이때 영국의 형평법(equity)이 개입했다. 형평법은 이 관계를 단순한 사적 약속이 아니라, 신뢰에 기초한 법적 관계로 바라보기 시작했다. 중요한 것은 형식상 명의가 누구에게 있는지가 아니었다. 누가 누구를 믿고 재산을 맡겼는지, 그리고 그 신뢰를 저버렸을 때 어떻게 책임을 물을 것인지가 핵심이 되었다.

이 과정에서 신탁의 핵심 개념인 신임의무가 자리 잡았다. 여기서 신탁의 성격도 분명해진다. 신탁은 처음부터 자산을 불리기 위한 제도나 금융상품으로 설계된 장치가 아니었다는 것이다. 누군가에게 판단을 맡길 수밖에 없는 상황에서, 그 판단에 책임을 지우기 위한 구조였다. 이 출발점은 오늘날까지도 신탁을 이해하는 가장 정확한 기준이 된다.

영미권 : 민사신탁을 기준으로 발전한 신탁

이러한 사고방식은 그대로 영국을 넘어 미국으로 이어졌

다. 영미권에서 신탁은 본래 사인 간 법률관계, 즉 민사신탁(private trust)을 기준으로 발전해 왔다. 영미권의 신탁법과 판례, 그리고 전문가들이 공통적으로 던지는 질문은 단순하다. "누가 소유자인가?"가 아니라 "누가 대신 판단하고, 그 판단에 어떤 책임을 지는가?"다. 그래서 신탁을 설명할 때도 자산의 종류나 운용 방식보다, 수탁자가 지는 신임의무가 중심에 놓이는 경우가 많다.

신탁은 자산을 관리하는 기술이 아니라, 판단을 이전하고 그 책임을 법으로 고정하는 제도로 이해되어 왔다. 이런 맥락 속에서 영미권의 전통적인 민사신탁에서는 금융기관보다 개인이 수탁자가 되는 경우가 많았다. 가장 흔한 선택지는 배우자나 성년 자녀였다. 그런데 이는 가족이기 때문에 관행적으로 맡긴 것이 아니었다. 위탁자의 생활 방식과 가치관, 판단 기준을 가장 잘 이해하고 있었기 때문이다. 신탁이 자산을 '보관'하는 장치라기보다 판단을 이어가기 위한 구조로 작동해 왔다는 점이 여기서 드러난다. 또 하나 눈여겨볼 점은 가족이 수탁자가 되더라도, 신탁에서는 단순한 상속인이 아니라 법적 책임을 지는 지위가 부여된다는 점이다.

유언은 사후에 재산을 누구에게 넘길지를 정하는 데 강점이 있지만, 판단과 집행을 계속 이어 가기에는 한계가 있다. 반면 신탁에서는 정해 둔 기준을 벗어나는 순간, 가족이라 하더라도 책임을 진다. 그래서 영미권에서는 '가족인데도 굳이 신탁을 쓴다'는 선택이 낯설지 않았다.

영국에서는 변호사나 회계사가 금융기관 소속이 아닌 개인 자격의 전문 수탁자로 활동해 온 전통도 이어져 왔다. 이들은 금융기관처럼 자산을 적극적으로 운용하기보다는, 계약에서 정한 기준에 따라 판단을 집행하고 그 결과에 대해 책임을 지는 역할을 맡는다. 이러한 관행은 영미권 신탁이 사람의 선의에 기대기보다, 책임을 법적으로 고정하는 구조 위에서 작동해 왔음을 보여준다.

물론 오늘날 영미권에서도 금융기관이 수탁자로 참여하는 신탁은 널리 활용된다. 자산 규모가 크거나 이해관계가 복잡한 경우에는 오히려 금융기관을 선택하는 것이 일반적이기도 하다. 다만 이런 형태 역시 민사신탁의 기본 구조 위에서 확장된 선택지로 이해된다. 민사신탁이 영미권 신탁의 전부는 아니지만, 여전히 영미권 신탁을 이해하는 하나의 기준점으로 기능한다.

세제 역시 같은 맥락에서 이해하는 편이 안전하다. 영미권에서 신탁은 세제 혜택을 '붙이기 위해' 설계된 제도라기보다, 신탁의 구조 선택에 따라 세금 부담이 달라지는 결과가 나타난다. 예를 들어 미국에서는 위탁자가 재산에 대한 실질적 통제를 유지하는지, 철회 불가능한 구조를 통해 통제를 포기했는지에 따라 상속세·증여세 과세 범위가 달라질 수 있다. 이는 신탁에 특별한 혜택이 붙는다기 보다, 세법이 신탁 구조의 실질을 어떻게 평가하는지에 따른 결과다.

영국 역시 신탁 일반에 폭넓은 세제 특례를 두지는 않는다. 다만 자선이나 공익 목적의 신탁에 대해서는 상속세 면제와 같은 명확한 세제 효과가 인정된다. 여기서도 핵심은 신탁의 형식이 아니라 목적과 책임 구조다.

일본 : 금융기관을 중심으로 정교화된 신탁

일본의 신탁은 영미권과 다른 선택의 결과다. 일본에서 신탁은 개인의 판단과 책임보다는 금융기관을 중심으로 한 관리 제도로 발전해 왔다. 전후 경제 성장 과정에서 은행과 신탁회사가 재산 관리와 이전을 담당하는 구조가 빠르게 자리를 잡았고, 신탁의 신뢰는 개인보다는 기관의 면허와 감독 체계에 의해 확보되었다. 그 결과 일본에서 신탁을 떠올릴 때 가장 먼저 연상되는 수탁자는 개인이 아니라 금융기관이 되었다. 신탁은 민사적 계약이라기보다, 관리와 집행을 안정적으로 수행하기 위한 제도적 장치로 이해되어 왔다.

일본 신탁의 또 다른 특징은 포괄적인 설계 방식이다. 특정 자산 하나만을 맡기기보다는, 여러 자산과 여러 목적을 하나의 틀 안에서 관리하는 구조가 정교화되어 왔다. 생활비, 교육비, 상속, 처분까지를 함께 설계하는 방식은 일본 신탁의 대표적인 모습이다. 일본에서도 개인이 수탁자가 되는 신탁이 법적으로 허용되기는 한다. 그러나 그것이 신탁의 주된 형태로 자리 잡았다고 보기는 어렵다. 일본 사회에서 신탁은 개인의 자율적 판단을 맡기는 도구라기보다, 예측 가능성과 안정성을 우선하는 관리 수단으로 선택되어 왔기 때문이다.

이런 제도적 성격은 세제와도 연결된다. 일본은 신탁에 폭넓은 혜택을 부여하기보다는, 교육·결혼·출산·육아처럼 목적이 분명한 경우에 한해 한도와 요건을 명시한 특례를 운영해 왔다. 구체적으로 살펴보면 이렇다.

- 교육비 목적 신탁 : 1인당 최대 1,500만 엔까지 증여세 비과세
- 결혼·출산·육아 자금 목적 신탁 : 최대 1,000만 엔까지 증여세 비과세 (이 중 결혼 비용은 300만 엔 한도)

공통적으로 금융기관 수탁, 목적 외 사용 제한, 증빙 제출 등의 요건이 전제된다. 세제는 신탁을 장려하기 위한 보상이라기보다 목적 외 사용을 통제하기 위한 관리 장치에 가까운 것으로 보인다. 이 점에서 일본의 신탁 구조는 한국의 신탁과 닮은 면이 많다. 두 나라 모두 신탁의 안전성과 신뢰를 개인의 책임에 맡기기보다는, 금융기관과 제도에 집중시키는 방향을 선택해 왔다.

영미권과 일본의 신탁을 나란히 놓고 보면, 같은 신탁이라는 제도를 사용하면서도 책임을 어디에 두었는지가 분명히 갈린다.

- 영미권 : 개인의 판단을 계약과 책임으로 묶는 방향
- 일본 : 제도와 금융기관을 통해 안정성을 확보하는 방향

어느 쪽이 더 옳다고 단정할 수는 없다. 각 사회가 신탁을 통해 해결하고자 했던 문제가 달랐고, 그에 맞는 구조를 선택하면서 제도를 발전시켜 왔다.

이 비교는 한국의 신탁을 이해하는 데 중요한 단서를 제공한다. 한국의 신탁은 다소 보수적인 경향을 보이지만, 고립된 제도가 아니라 일본과 유사한 선택의 연장선 위에서 형성되어 왔다. 다음 장에서는 이러한 선택이 한국에서 어떤 장점으로 작용해 왔는지, 그리고 오늘날 어떤 질문을 던지고 있는지를 살펴본다.

2장

초고령 국내사회에서
신탁이 갖는 의미

길어진 시간, 길어진 책임

나이가 들면 판단과 움직임이 예전 같지 않을 수 있다. 내 재산인데도 결정을 미루게 되고, 서류 한 장이 부담스럽다. 문제는 이런 시간이 이제 잠깐 지나가는 구간이 아니라, 점점 길어지고 있다는 점이다. 초고령사회에서 신탁이 언급되는 이유는 자산이 늘어서도, 상속 분쟁이 늘어서도 아니다. 사회 전체가 결정을 이어 가기 어려운 시간을 길게 경험하기 시작했기 때문이다.

통계청이 발표한 2025년 고령자 통계에 따르면, 2025년 기준 우리나라의 65세 이상 고령인구 비중은 20.3%로 집계된다. UN이 정의한 기준(20% 이상)에 따라, 우리 사회는 이미 초고령사회에 들어선 것으로 정리할 수 있다. 참고로 주민등록 인구 기준으로는 2024년 12월, 이미 65세 이상 인구 비중이 20%를 넘은 바 있다.

어떤 기준을 적용하더라도, '초고령사회'라는 표현은 더 이상 예측이 아니라 현재의 상태가 되었다. 이 수치가 의미하는 것은 단순한 인구 구조의 변화가 아니다. 판단과 선택을 혼자 감당하기 어려운 시간이 특정 개인의 문제가 아니라, 사회 전체의 구조가 되었다는 뜻이다.

이 변화는 앞서 언급되었던 1인 가구 증가와 맞물린다. 예전에는 사회적으로 자연스럽게 가족이 맡아왔던 역할이 이제는 자동으로 이어지지 않는다. 그 빈자리는 결국 제도가 감당해야 할 문제가 된다.

치매와 인지 저하 역시 이 흐름을 더 분명하게 만든다. 치매는 흔히 기억의 병으로 이야기되지만, 현실에서는 결정의 병에 가깝다. 판단 능력이 서서히 약해지고, 스스로 결정하기에는 불안한 시간이 길어진다. 치매 전 단계로 분류되는 경도인지장애는 곧바로 판단 능력 상실을 의미하지는 않지만, 결정에 대한 부담과 의존이 늘어나는 구간으로 이어질 가능성이 크다. 이로 인해 '완전한 자기 결정'에만 의존하기 어려운 시간이 점점 길어지고 있다는 점은 여러 조사에서 공통적으로 확인되고 있다. 이 시점에서 문제는 재산의 크기가 아니다. 결정을 대신 이어갈 기준과 구조가 있는지 여부다.

사회는 이미 이 문제를 방치하지 않았다. 그 결과로 등장한 제도가 성년후견이다. 후견은 판단 능력이 충분하지 않은 사람이 법적·사회적 결정을 스스로 감당하기 어려울 때, 그 결정을 대신하거나 보조하기 위해 마련된 장치다. 핵심은 재산을 적극적으로 운용하는 데 있다기보다, 당사자의 결정이 법적 절차 속에서 보호받도록 만드는 데 있다. 그래서 후견은 '무엇을 할지'보다는 '하지 말아야 할 일을 막는 제도'에 가깝다. 공공후견은 이 제도를 가족이 감당하기 어려운 경우에도 작동하도록 보완한 형태다. 절차 접근성을 낮추고, 판단의 공백이 생기지 않도록 돕는 역할을 한다. 여기까지는 분명 의미 있는 장치다.

다만 현실에서는 후견의 역할이 판단에만 머물지 않는다. 생활비, 의료비, 돌봄 비용처럼 매일 반복되는 지출과 관리의 문제가 함께 따라온다. 이때 후견은 본래 설계된 역할을 넘어서는 부담을 떠안게 되고, 전문성과 지속성의 문제가 자연스럽게 드러난다. 공공후견이 필요 없다는 이야기가 아니다. 이 제도가 감당하지 않기로 설계된 영역이 분명 존재한다는 뜻이다.

복지제도 역시 마찬가지다. 초고령사회로 갈수록 복지와 돌봄 서비스는 확대되고 있다. 하지만 복지의 구조는 대체로 자격을 충족하면 급여를 지급하거나 서비스를 제공하는 방식이다. 어떤 비용을 언제, 어떤 기준으로 판단해 집행할지를 한 덩어리로 관리해 주는 구조는 아니다. 그래서 보호자 공백이 생기면, 지원은 있는데 집행이 어려운 상황이 반복된다. 제도는 있는데 연결이 끊기는 지점이 생긴다.

이런 맥락은 과거의 실험에서도 확인된다. 국내에서는 시니어를 대상으로 한 것은 아니지만, 장애인을 대상으로 공공이 개입한 재산관리 시범사업이 실제로 시행된 바 있다. 발달장애인과 중증장애인을 중심으로, 공공후견과 결합된 형태의 재산관리 구조를 일정 기간 시험한 사업이었다. 규모는 크지 않았지만 평가 자체는 긍정적이었다. 재산이 방치되지 않는다는 점에서 보호자의 심리적 부담이 줄었고, 생활비와 필요 비용이 예측 가능한 방식으로 집행된다는 점에서 안정감이 있다는 반응도 적지 않았다. 의사결정 공백을 줄이는 효과 자체는 분명히 확인됐다.

동시에 한계도 뚜렷했다. 공공 영역은 돌봄과 행정에는 강점을 가졌지만, 재산을 장기간 관리하고 다양한 자산을 다루기에는 전문성과 체계가 충분하지 않다는 평가가 뒤따랐다. 무엇보다 이런 방식은 소수의 대상자에게는 가능했지만, 많은 인원에게 장기간 적용하기에는 구조적으로 무리가 있었다. 이 실험은 공공 개입의 필요성을 보여주는 동시에,

공공 단독 모델의 한계를 함께 드러냈다.

이 지점에서 신탁은 단순히 재산을 맡기는 기술이 아니라, 결정을 이어 붙이는 구조로 읽히기 시작한다. 누가 어떤 권한을 갖고, 어떤 기준으로 비용을 집행하며, 그 과정이 어떻게 확인되고 관리될지를 미리 정해 두는 방식이다. 물론 신탁이 모든 문제를 해결하지는 않는다. 다만 판단의 공백이 길어지는 사회에서, 그 공백을 전제로 설계할 수 있는 구조라는 점만은 분명하다.

이런 문제의식 속에서 최근 공공 영역에서도 신탁과 유사한 방식의 논의가 조심스럽게 등장하고 있다. 이는 국가가 개인의 재산을 대신 관리하겠다는 선언이라기보다, 후견·복지·재산관리가 서로 분절된 상태에서 생기는 공백을 줄이기 위한 연결 장치를 모색하는 흐름에 가깝다. 아직 제도로 완성된 답이 있다기보다는, 필요성이 공적 논의의 영역으로 올라와 있는 단계라고 보는 편이 정확하다. 이 흐름을 종합하면 방향은 비교적 분명해진다.

초고령사회에서 시니어의 모습은 하나가 아니다. 자산 규모도, 가족 관계도, 건강 상태도 모두 다르다. 어떤 사람은 자기 결정이 가능한 시기에 미리 기준을 세울 수 있고, 어떤 사람은 이미 공공의 도움 없이는 절차를 시작하기 어렵다. 이 현실에서 한 가지 방식으로 모든 시니어를 포괄하기는 쉽지 않을 것이다.

자율적 판단이 가능한 시기에는 개인의 의사와 생활 방식을 정교하게 담을 수 있는 상사신탁이 강점을 가진다. 반대로 판단 공백이 크거나 제도에 대한 접근 자체가 어려운 구간에서는 공공후견과 복지, 그리고 공공적 연결 장치가 최소한의 안전망으로 기능한다.

결국 중요한 것은 어느 하나가 답이라는 결론이 아니다. 이 역할들이 어떻게 이어질 수 있느냐의 문제다. 초고령사회에서 신탁이 갖는 의미는 여기에 있다. 재산을 남기는 방식이 아니라, 결정을 남기는 방식. 그리고 그 결정이 끊기지 않도록, 민간의 전문성과 공공의 대중성이 서로 맞물리는 구조를 준비하는 일. 신탁은 이제 개인의 선택을 넘어, 사회가 스스로에게 던지는 질문에 대한 하나의 응답이 되어 가고 있다.

3장

남겨진 내일을
준비하는 일

그 사실만큼은 누구도 피할 수 없다. 하지만 사람이 떠난 뒤 남겨지는 것이 무엇인지는, 생전에 선택할 수 있다. 많은 이들이 상속을 준비한다고 말할 때 가장 먼저 떠올리는 것은 '재산'이다. 얼마를 남길지, 누구에게 나눌지, 어떻게 줄일 수 있을지. 그러나 실제로 남겨진 사람들을 가장 오래 붙잡는 것은 숫자가 아니다. 결정되지 않은 시간, 정리되지 않은 기준, 그리고 말로만 오간 마음이다.

유언이 어려운 이유도 여기에 있다. 유언은 결과를 남기지만, 과정은 남기지 못한다. 누가 판단해야 했는지, 어떤 기준으로 선택했는지, 그 선택에 이르기까지의 고민은 기록되지 않는다. 그렇게 결과만 남겨지는 순간, 가장 가까운 사람일수록 더 많은 시간을 쓰게 된다. 확인할 수 없는 마음을 헤아리느라, 서로 다른 기억을 맞대느라, 그 시간은 쉽게 감정으로 바뀌고, 감정은 빠르게 닳아 간다.

이 책에서 살펴본 유언대용신탁은 그 지점을 다른 각도에서 바라본다. 무엇을 남길 것인가보다, 어떤 기준이 스스로 자리를 찾도록 할 것인가를 먼저 묻는다. 재산이 이동하는 순서와 비용이 사용되는 원칙, 판단이 필요한 순간에 누구의 손이 움직여야 하는지까지.

신탁은 결과를 나열하는 장치가 아니라, 선택이 길을 잃지 않도록 자리를 마련해 두는 구조다.

앞선 장들에서 우리는 다양한 모습을 보았다. 아무 문제없어 보이던 가장 보통의 가정, 회사의 방향을 함께 고민해야 했던 가업의 현장, 돌봄이 끊겨서는 안 되었던 취약한 시간들, 법의 언어가 미처 닿지 못한 반려의 관계, 그리고 개인을 넘어 사회로 향한 선택까지.

형태는 달랐지만 공통점은 분명했다. 문제가 드러난 뒤에 정리하려 할수록 갈등은 깊어졌고, 기준이 미리 정돈된 경우에는 말이 많지 않아도 과정이 크게 흔들리지 않았다.

상속 분쟁은 대개 악의에서 시작되지 않는다. '그땐 이렇게 생각했을 거야'라는 추측에서 비롯된다. 그 추측이 쌓이면, 기억은 서로 다른 방향으로 굳어진다. 신탁은 그 추측이 커지기 전에,

판단의 자리를 조용히 남겨 둔다. 신탁이 가진 힘은 강요가 아니다. 누군가를 설득하기 위해 만들어진 장치도 아니다. 오히려 그 반대에 가깝다.

남겨진 사람이 더 이상 설명하거나 변명하지 않아도 되도록 만드는 구조다. 그래서 신탁은 재산을 묶는 기술이 아니라, 판단을 미리 매듭지어 두는 방식에 가깝다. 내가 계속 그 자리에, 곁에 있었다면 선택했을 방향을 미리 정리해 두어, 나의 시선이 더 이상 닿지 않는 순간에도 그 길이 흔들리지 않게 남겨 두는 일이다.

어떤 사람은 계약서의 마지막 장을 넘기지 못한 채 생각의 자리에 머문다. 그 마지막 장에는 숫자보다, 자신이 지워진 뒤에도 그려져야 할 시간의 모습이 더 또렷하게 적혀 있기 때문이다.

그 사람에게 신탁은 염원을 기록한 편지일 것이다. 부탁도, 설명도, 변명도 아닌 하나의 바람으로 남는 기준이다. 신탁이 특별한 사람들의 준비처럼 보일 때도 있다. 하지만 실무에서 만나는 대부분의 신탁 계약은 이렇듯 평범한 이유에서 시작된다. 누군가에게 부담을 남기고 싶지 않아서, 같은 이야기를 반복하고 싶지 않아서, 혹은 이미 충분히 고마웠던 사람들에게 더 이상 판단의 무게를 얹고 싶지 않아서다. 그래서 유언대용신탁은 나를 위한 준비라기보다, 남겨진 사람들에 대한 배려에 가깝다. 미리 정리해 둔 기준 하나가 그들의 시간과 감정을 소모로부터 지켜 준다.

이제 책의 끝에서, 질문을 한 번만 바꿔 보자. 얼마를 남길 것인가가 아니라, 어떤 하루를 남기고 싶은가. 더 정확히 말하면, 어떤 하루를 쥐여주고 싶은가.

이 장의 첫 문장처럼 사람은 언젠가 떠난다. 그러나 뜻은 남길 수 있다.

남겨진 이들의 하루가 불필요한 다툼과 수고로움으로 구겨지지 않도록, 우리가 함께였던 가장 보통의 하루를 내일도 맞이할 수 있도록.

그것이 이 책이 말해 온 유언대용신탁의 본질이다.

미리 써보는 신탁 계약서

당신이 바라는 가장 보통의 하루는 무엇인가요?

당신이 없는 날, 어떤 일상을 남겨주고 싶나요?

[부록]

상속/증여
미니법전

(1)

민법 주요조문

제1000조(상속의 순위)

① 상속에 있어서는 다음 순위로 상속인이 된다.

    1. 피상속인의 직계비속

    2. 피상속인의 직계존속

    3. 피상속인의 형제자매

    4. 피상속인의 4촌 이내의 방계혈족

② 전항의 경우에 동순위의 상속인이 수인인 때에는 최근친을 선순위로 하고 동친등의 상속인이 수인인 때에는 공동상속인이 된다.

③ 태아는 상속순위에 관하여는 이미 출생한 것으로 본다.

제1001조(대습상속)

전조 제1항 제1호와 제3호의 규정에 의하여 상속인이 될 직계비속 또는 형제자매가 상속개시 전에 사망하거나 결격자가 된 경우에 그 직계비속이 있는 때에는 그 직계비속이 사망하거나 결격된 자의 순위에 갈음하여 상속인이 된다.

제1003조(배우자의 상속순위)

① 피상속인의 배우자는 제1000조 제1항 제1호와 제2호의 규정에 의한 상속인이 있는 경우에는 그 상속인과 동순위로 공동상속인이 되고 그 상속인이 없는 때에는 단독상속인이 된다.

② 제1001조의 경우에 상속개시 전에 사망 또는 결격된 자의 배우자는 동

조의 규정에 의한 상속인과 동순위로 공동상속인이 되고 그 상속인이 없는 때에는 단독상속인이 된다.

제1008조(특별수익자의 상속분)

공동상속인 중에 피상속인으로부터 재산의 증여 또는 유증을 받은 자가 있는 경우에 그 수증재산이 자기의 상속분에 달하지 못한 때에는 그 부족한 부분의 한도에서 상속분이 있다.

제1008조의2(기여분)

① 공동상속인 중에 상당한 기간 동거·간호 그 밖의 방법으로 피상속인을 특별히 부양하거나 피상속인의 재산의 유지 또는 증가에 특별히 기여한 자가 있을 때에는 상속개시 당시의 피상속인의 재산가액에서 공동상속인의 협의로 정한 그 자의 기여분을 공제한 것을 상속재산으로 보고 제1009조 및 제1010조에 의하여 산정한 상속분에 기여분을 가산한 액으로써 그 자의 상속분으로 한다.
② 제1항의 협의가 되지 아니하거나 협의할 수 없는 때에는 가정법원은 제1항에 규정된 기여자의 청구에 의하여 기여의 시기·방법 및 정도와 상속재산의 액 기타의 사정을 참작하여 기여분을 정한다.
③ 기여분은 상속이 개시된 때의 피상속인의 재산가액에서 유증의 가액을 공제한 액을 넘지 못한다.

제1009조(법정상속분)

① 동순위의 상속인이 수인인 때에는 그 상속분은 균분으로 한다.

② 피상속인의 배우자의 상속분은 직계비속과 공동으로 상속하는 때에는 직계비속의 상속분의 5할을 가산하고, 직계존속과 공동으로 상속하는 때에는 직계존속의 상속분의 5할을 가산한다.

제1010조(대습상속분)

① 제1001조의 규정에 의하여 사망 또는 결격된 자에 갈음하여 상속인이 된 자의 상속분은 사망 또는 결격된 자의 상속분에 의한다.

② 전항의 경우에 사망 또는 결격된 자의 직계비속이 수인인 때에는 그 상속분은 사망 또는 결격된 자의 상속분의 한도에서 제1009조의 규정에 의하여 이를 정한다. 제1003조 제2항의 경우에도 또한 같다.

제1019조(승인, 포기의 기간)

① 상속인은 상속개시 있음을 안 날로부터 3월 내에 단순승인이나 한정승인 또는 포기를 할 수 있다. 그러나 그 기간은 이해관계인 또는 검사의 청구에 의하여 가정법원이 이를 연장할 수 있다.

② 상속인은 제1항의 승인 또는 포기를 하기 전에 상속재산을 조사할 수 있다.

제1022조(상속재산의 관리)

상속인은 그 고유재산에 대하는 것과 동일한 주의로 상속재산을 관리하여야 한다. 그러나 단순승인 또는 포기한 때에는 그러하지 아니하다.

제1041조(포기의 방식)

상속인이 상속을 포기할 때에는 제1019조 제1항의 기간 내에 가정법원에 포기의 신고를 하여야 한다.

제1112조(유류분의 권리자와 유류분)

상속인의 유류분은 다음 각 호에 의한다.

    1. 피상속인의 직계비속은 그 법정상속분의 2분의 1

    2. 피상속인의 배우자는 그 법정상속분의 2분의 1

    3. 피상속인의 직계존속은 그 법정상속분의 3분의 1

제1113조(유류분의 산정)

① 유류분은 피상속인의 상속개시시에 있어서 가진 재산의 가액에 증여재산의 가액을 가산하고 채무의 전액을 공제하여 이를 산정한다.

② 조건부의 권리 또는 존속기간이 불확정한 권리는 가정법원이 선임한 감정인의 평가에 의하여 그 가격을 정한다.

제1114조(산입될 증여)

증여는 상속개시 전의 1년간에 행한 것에 한하여 제1113조의 규정에 의하여 그 가액을 산정한다. 당사자 쌍방이 유류분권리자에 손해를 가할 것을 알고 증여를 한 때에는 1년 전에 한 것도 같다.

제1115조(유류분의 보전)

① 유류분권리자가 피상속인의 제1114조에 규정된 증여 및 유증으로 인하여 그 유류분에 부족이 생긴 때에는 부족한 한도에서 그 재산의 반환을 청구할 수 있다.
② 제1항의 경우에 증여 및 유증을 받은 자가 수인인 때에는 각자가 얻은 유증가액의 비례로 반환하여야 한다.

제1116조(반환의 순서)

증여에 대하여는 유증을 반환받은 후가 아니면 이것을 청구할 수 없다.

제1117조(소멸시효)

반환의 청구권은 유류분권리자가 상속의 개시와 반환하어아 할 증여 또는 유증을 한 사실을 안 때로부터 1년 내에 하지 아니하면 시효에 의하여 소멸한다. 상속이 개시한 때로부터 10년을 경과한 때도 같다.

(2)

신탁법 주요조문

제2조(신탁의 정의)

이 법에서 "신탁"이란 위탁자가 특정한 재산권을 수탁자에게 이전하거나 그 밖의 처분을 하여 수탁자로 하여금 일정한 자를 위하여 또는 일정한 목적을 위하여 그 재산권을 관리·처분하게 하는 법률관계를 말한다.

제3조(신탁의 설정)

신탁은 신탁계약, 유언 또는 신탁선언으로 설정한다.

제4조(신탁의 공시와 대항)

① 신탁재산에 관하여 등기 또는 등록을 하여야 하는 경우에는 신탁의 등기 또는 등록을 하여야 한다.
② 제1항의 등기 또는 등록을 하지 아니하면 제3자에게 대항하지 못한다.

제5조(신탁목적의 제한)

신탁은 선량한 풍속 기타 사회질서에 반하는 목적을 위하여 설정하지 못한다.

세22조(강제집행 등의 금지)

신탁재산에 대하여는 강제집행, 가압류 또는 가처분을 할 수 없다.
다만, 신탁채권에 기한 경우에는 그러하지 아니하다.

제23조(수탁자의 사망과 신탁재산)

수탁자가 사망한 경우에도 신탁은 종료되지 아니한다.

제24조(수탁자의 파산과 신탁재산)

수탁자가 파산한 경우에도 신탁은 종료되지 아니한다.

제31조(수탁자의 권한)

수탁자는 신탁의 목적을 달성하기 위하여 필요한 범위에서 신탁재산을 관리·처분할 권한을 가진다.

제32조(선량한 관리자의 주의의무)

수탁자는 선량한 관리자의 주의로써 신탁사무를 처리하여야 한다.

제33조(충실의무)

수탁자는 신탁의 목적에 충실하게 신탁사무를 처리하여야 한다.

제34조(이익에 반하는 행위의 금지)

수탁자는 신탁재산을 자기 또는 제3자의 이익을 위하여 사용하지 못한다.

제37조(분별관리의무)

수탁자는 신탁재산을 자기의 고유재산과 분별하여 관리하여야 한다.

제48조(비용상환청구권의 우선변제)

수탁자는 신탁사무의 처리에 관하여 필요한 비용을 신탁재산으로부터 우선
변제받을 권리가 있다.

제49조(권리행사의 요건)

수탁자가 신탁재산에 관한 권리를 행사할 때에는 신탁임을 표시하여야 한다.

제50조(공동수탁자)

수탁자가 수인인 경우에는 특별한 사정이 없는 한 공동으로 신탁사무를 처
리한다.

제51조(공동수탁자의 책임)

공동수탁자는 연내하여 책임을 진다.

제56조(수익권의 취득)

수익자는 신탁의 설정으로 인하여 수익권을 취득한다.

제57조(수익권의 포기)

수익자는 수익권을 포기할 수 있다.

제58조(수익자지정권)

위탁자는 신탁행위로써 수익자를 지정하거나 그 변경을 정할 수 있다.

제59조(유언대용신탁)

① 위탁자가 사망한 후에 수익자에게 신탁재산을 귀속시키는 내용의 신탁은 유언대용신탁으로 한다.
② 유언대용신탁은 유언에 의하지 아니하고도 그 효력이 발생한다.

제60조(수익자연속신탁)

신탁행위로 수익자를 순차로 지정할 수 있다.

(3)

상속세 및 증여세법
주요조문

제13조(상속세 과세가액)

① 상속세 과세가액은 상속재산의 가액에서 제14조에 따른 것을 뺀 후 다음 각 호의 재산가액을 가산한 금액으로 한다. 이 경우 제14조에 따른 금액이 상속재산의 가액을 초과하는 경우 그 초과액은 없는 것으로 본다.

  1. 상속개시일 전 10년 이내에 피상속인이 상속인에게 증여한 재산가액

  2. 상속개시일 전 5년 이내에 피상속인이 상속인이 아닌 자에게 증여한 재산가액

② 제1항제1호 및 제2호를 적용할 때 비거주자의 사망으로 인하여 상속이 개시되는 경우에는 국내에 있는 재산을 증여한 경우에만 제1항 각 호의 재산가액을 가산한다.

③ 제46조, 제48조제1항, 제52조 및 제52조의2제1항에 따른 재산의 가액과 제47조제1항에 따른 합산배제증여재산의 가액은 제1항에 따라 상속세 과세가액에 가산하는 증여재산가액에 포함하지 아니한다.

제18조(기초공제)

거주자나 비거주자의 사망으로 상속이 개시되는 경우에는 상속세 과세가액에서 2억원을 공제한다.

제21조(일괄공제)

① 거주자의 사망으로 상속이 개시되는 경우에 상속인이나 수유자는 제18조와 제20조제1항에 따른 공제액을 합친 금액과 5억원 중 큰 금액으로 공

제받을 수 있다. 다만, 제67조 또는 「국세기본법」 제45조의3에 따른 신고가 없는 경우에는 5억원을 공제한다.

② 제1항을 적용할 때 피상속인의 배우자가 단독으로 상속받는 경우에는 제18조와 제20조제1항에 따른 공제액을 합친 금액으로만 공제한다.

제19조(배우자 상속공제)

① 거주자의 사망으로 상속이 개시되어 배우자가 실제 상속받은 금액의 경우 다음 각 호의 금액 중 작은 금액을 한도로 상속세 과세가액에서 공제한다.

    1. 다음 계산식에 따라 계산한 한도금액

    2. 30억원

② 제1항에 따른 배우자 상속공제는 제67조에 따른 상속세과세표준신고기한의 다음날부터 9개월이 되는 날(이하 이 조에서 "배우자상속재산분할기한"이라 한다)까지 배우자의 상속재산을 분할(등기·등록·명의개서 등이 필요한 경우에는 그 등기·등록·명의개서 등이 된 것에 한정한다. 이하 이 조에서 같다)한 경우에 적용한다. 이 경우 상속 인은 상속재산의 분할사실을 배우자상속재산분할기한까지 납세지 관할세무서장에게 신고하여야 한다.

③ 제2항에도 불구하고 대통령령으로 정하는 부득이한 사유로 배우자상속재산분할기한까지 배우자의 상속재산을 분할할 수 없는 경우로서 배우자상속재산분할기한의 다음날부터 6개월이 되는 날(배우자상속재산분할기한의 나음날부터 6개월이 지 나 제76조에 따른 과세표준과 세액의 결정이 있는 경우에는 그 결정일을 말한다)까지 상속재산을 분할하여 신고하는 경우에는 배우자상속재산분할기한까지 분할한 것으로 본다. 다만, 상속인이 그 부

득이한 사유를 대통령령으로 정하는 바에 따라 배우자상속재산분할기한까지 납세지 관할세무서장에게 신고하는 경우에 한정한다.

④ 제1항의 경우에 배우자가 실제 상속받은 금액이 없거나 상속받은 금액이 5억원 미만이면 제2항에도 불구하고 5억원을 공제한다.

제22조(금융재산 상속공제)

① 거주자의 사망으로 상속이 개시되는 경우로서 상속개시일 현재 상속재산가액 중 대통령 령으로 정하는 금융재산의 가액에서 대통령령으로 정하는 금융채무를 뺀 가액(이하 이 조에서 "순금융재산의 가액"이라 한다)이 있으면 다음 각 호의 구분에 따른 금액을 상속세 과세가액에서 공제하되, 그 금액이 2억원을 초과하면 2억원을 공제한다.

    1. 순금융재산의 가액이 2천만 원을 초과하는 경우 : 그 순금융재산의 가액의 100분의 20 또는 2천만 원 중 큰 금액

    2. 순금융재산의 가액이 2천만 원 이하인 경우 : 그 순금융재산의 가액

② 제1항에 따른 금융재산에는 대통령령으로 정하는 최대주주 또는 최대출자자가 보유하고 있는 주식등과 제67조에 따른 상속세 과세표준 신고기한까지 신고하지 아니한 타인 명의의 금융재산은 포함되지 아니한다.

제53조(증여재산 공제)

거주자가 다음 각 호의 어느 하나에 해당하는 사람으로부터 증여를 받은 경우에는 다음 각 호의 구분에 따른 금액을 증여세 과세가액에서 공제한다. 이 경우 그 증여세 과세가액에서 공제받을 금액과 수증자가 그 증여를 받기

전 10년 이내에 공제받은 금액(제53조의2에 따라 공제받은 금액은 제외한다)을 합한 금액이 다음 각 호의 구분에 따른 금액을 초과하는 경우에는 그 초과하는 부분은 공제하지 아니한다.

> 1. 배우자로부터 증여를 받은 경우 : 6억원
>
> 2. 직계존속으로부터 증여를 받은 경우 : 5천만 원. 다만, 미성년자가 직계존속으로부터 증여를 받은 경우에는 2천만 원으로 한다.
>
> 3. 직계비속(수증자와 혼인 중인 배우자의 직계비속을 포함한다)으로부터 증여를 받은 경우 : 5천만 원
>
> 4. 제2호 및 제3호의 경우 외에 4촌 이내의 혈족, 3촌 이내의 인척으로부터 증여를 받은 경우 : 1천만 원

제26조(상속세 세율)

상속세는 제25조에 따른 상속세의 과세표준에 다음의 세율을 적용하여 계산한 금액(이하 "상속세 산출세액"이라 한다)으로 한다.

미니법전에서 반드시
짚고 넘어가야 할 세금 기준

Q. 한때 위탁자 지위 변경을 통해 세금을 줄이려는 시도가 있었다고 들었습니다. 지금도 가능한가요?

과거에 위탁자 지위 변경을 활용해 세 부담을 줄이려는 시도가 있었던 것은 사실이지만, 현재 기준에서는 그러한 방식이 안전한 절세 수단으로 받아들여지지 않습니다.

위탁자 지위 변경으로 인해 신탁재산에 대한 실질적인 지배권이나 경제적 이익이 무상으로 이전되는 경우, 과세당국은 이를 형식과 관계없이 증여로 보아 과세할 수 있습니다. 이는 국세기본법상 실질과세 원칙에 따른 판단입니다.

유언대용신탁은 제도적으로 설정 시점에는 증여세를 과세하지 않고, 위탁자의 사망 시점에 상속세로 과세관계를 정리하는 구조입니다.

따라서 생전 중 위탁자 지위를 이전함으로써 재산의 관리·처분 결정권이나 경제적 이익이 다른 사람에게 넘어가게 되면, 그 지위 변경은 단순한 절차 변경이 아니라 실질적인 무상이전으로 평가될 가능성이 있습니다.

최근 판례에서도 신탁이라는 법적 형식을 취하였더라도, 그 결과가 재산의 무상 이전이라면 이를 증여로 보아 과세할 수 있다는 입장을 일관되게 유지하고 있습니다.

결국 위탁자 지위 변경은 과거에 일부 활용된 방식이더라도, 현재 기준에서는 명확한 세무 리스크를 전제로 검토해야 하는 사안으로 이해하는 것이 타당합니다.

유언대용신탁의 설정 단계에서, 위탁자 명의의 부동산이 수탁자 명의로 이전되더라도 이는 재산의 처분이나 취득이라기 보다는 관리·처분을 위한 신탁 설정 행위로 보아 취득세가 과세되지 않는 경우가 많습니다.

다만 신탁이 종료되는 시점에 부동산 자체를 수익자가 이전 받는 구조라면, 이는 새로운 부동산 취득으로 평가되어 취득세 과세 대상이 될 수 있습니다.

이 경우 취득세 납세의무자는 해당 부동산을 실제로 취득하는 수익자가 됩니다.

반면, 신탁재산인 부동산을 신탁 기간 중 처분하고 그 처분대금을 현금으로 수익자에게 지급하는 구조라면, 수익자는 부동산을 취득한 것이 아니라 금전을 지급받은 것에

불과하므로 취득세 과세 대상이 아니라는 것이 판례를 통해 정리된 입장입니다.

결국 취득세 여부는 신탁의 명칭이나 형식이 아니라, 신탁 종료 시점에 부동산이 이전되는지, 아니면 처분대금이 지급되는지에 따라 판단됩니다.

신탁,
상속의 기준을
바꾸다

초 판 1 쇄 2026년 4월 15일
지 은 이 김민수, 곽종규
펴 낸 곳 하모니북

출판등록 2018년 5월 2일 제 2018-0000-68호
이 메 일 harmony.book1@gmail.com
홈페이지 harmonybook.imweb.me
인스타그램 instagram.com/harmony_book_
팩   스 02-2671-5662

979-11-6747-289-2 03320
ⓒ 하모니북, 2026, Printed in Korea

책값은 뒤표지에 있습니다.

이 도서의 국립중앙도서관 출판예정도서목록(CIP)은 서지정보유통지원시스템 홈페이지(http://seoji.nl.go.kr)와 국가자료공동목록시스템(http://www.nl.go.kr/kolisnet)에서 이용하실 수 있습니다.